ÉCOLE DE L'ENVOLÉE

Cyril Doyon • David Legris-Juneau

Faire

participer

l'élève à

l'évaluation

de ses

apprentissages

Chronique
Sociale

Beauchemin

Cyril DOYON - David LEGRIS-JUNEAU

Faire participer l'élève à l'évaluation de ses apprentissages

© 1991 **Éditions Beauchemin ltée**
3281, avenue Jean-Béraud
Laval (Québec)
H7T 2L2
Téléphone : (514) 334-5912
             1 800 361-4504
Télécopieur : (514) 688-6269

ISBN : 2-7616-0458-X

Diffusion Europe :
 Chronique Sociale
7, rue du Plat
69288 Lyon Cedex 02
France
Téléphone : 78.37.22.12
Télécopieur : 78.42.03.18

Dépôt légal : 4e trimestre 1991
Bibliothèque nationale du Québec
Bibliothèque nationale du Canada

Imprimé au Canada
2 3 4 5   98 97 96 95

Supervision éditoriale : SEPP inc. (Louise Côté)
Direction artistique : Robert Gaboury
Supervision de la production : Lucie Plante-Audy, Carole Ouimet
Révision linguistique : Louis Forest
Correction d'épreuves : Viviane Houle
Production : Productions Sylvie Couture inc.
Mise en pages : La Pagitech
© Photo de la couverture : Didier Goupy/Sygma/Publiphoto
Impression : Imprimerie Gagné ltée

Lorsqu'il s'agit de termes qui renvoient à des personnes dont le sexe n'est pas défini ou qui renvoient aux deux sexes, le générique masculin est parfois utilisé seul, sans aucune discrimination et dans le seul but d'alléger le texte.

Remerciements à Irène Foley et Colette Baribeau
de l'Université du Québec à Trois-Rivières
qui ont été à l'origine de cet ouvrage.

Table des matières

Préface

Les vertus du courage ou les risques de la profession ?

Avez-vous déjà lu des livres en évaluation? Avez-vous déjà lu des livres en français en évaluation? Évidemment me direz-vous! Car il en existe d'excellents, de pertinents et surtout de très aidants ... lorsque l'on veut en savoir davantage en théorie, selon la littérature dans le domaine, en fonction des diverses expérimentations dans le milieu scolaire. Comme directrice de la revue internationale ***Mesure et évaluation en éducation*** je sais pertinemment que les articles trop scientifiques ou trop théoriques rejoignent un public cible beaucoup plus restreint et ils ne permettent pas à l'enseignant de transposer ses théories « magiques » dans la réalité quotidienne.

C'est Perrenoud qui affirme que l'enseignant est au prise avec des contraintes, des contradictions et des structures telles, qu'il est confronté continuellement à un paradoxe entre la réalité, les programmes, ses intentions et surtout, les élèves. On veut toujours bien faire! Mais en a-t-on les moyens, le temps, l'énergie? Un grand nombre d'enseignants rencontrés au fil des années désirent vivre des situations actives d'apprentissage où l'apprenant a toute sa place, où toute l'organisation de la classe est faite en fonction des besoins de l'apprenant. Cependant, je constate aussi qu'une partie de ces enseignants souffre de ne pas savoir convaincre les apprenants à s'impliquer dans ce nouveau jeu d'apprentissage; que d'autres souffrent de ne pas savoir comment passer de l'enseignement à l'évaluation; et qu'enfin certains affirment ne pas avoir assez d'outils pour leur donner des modèles à suivre, ou du moins duquel s'inspirer.

Mais certaines lueurs d'espoir apparaissent à l'horizon. Peut-être fallait-il essayer toutes sortes d'activités, de stratégies, d'outils avant de soumettre des exemples, des modèles et des structures d'utilisation. Beaucoup de cahiers d'exercices existent, mais peu d'entre eux expliquent clairement leur démarche d'utilisation et leur philosophie d'apprentissage. Cependant ils donnent des exemples que l'enseignant peut reproduire, imiter ou simplement rejeter.

Mais il fallait le courage d'un conseiller pédagogique et d'un enseignant pour que ces lueurs d'espoir deviennent réalité. Ils ont osé expliquer une démarche qu'ils vivent depuis plusieurs années, impliquant l'apprenant dans son propre processus d'apprentissage et d'évaluation. Au-delà des grilles, des exemples et de nombreux témoignages, ils ont su déterminer une marche à suivre, une méthode de travail; ils ont systématisé une méthode d'autoévaluation. Mais qu'y a-t-il de si original direz-vous? Moi aussi je développe mon propre processus d'apprentissage et d'enseignement; moi aussi j'ai ma méthode; moi aussi j'ai des grilles ... Avons-nous le courage de les exposer à la critique? Avons-nous pris le temps de décrire succinctement et clairement toutes les étapes de notre démarche? Nous devrions! C'est comme cela que l'on avance dans notre domaine!

Ainsi, ce livre indique une méthode originale et audacieuse d'appre l'autoévaluation chez l'apprenant. Cette méthode s'adapte à toutes stratégies d'enseignement, du moment que cette dernière soit activ ouverte possible. Elle s'appuie entre autres, sur le modèle de Allal, prônant l'intuition et l'instrumentation par l'apprenant, affirmant que les divers moments d'interaction sont planifiés par l'enseignant mais que ces interactions peuvent se vivre entre apprenants, entre l'apprenant et son enseignant, entre l'apprenant et un matériel de travail. Les auteurs répondent à ces trois caractéristiques d'interaction.

C'est d'ailleurs Allal (88)[1], qui affirmait suite à diverses expérimentations, que plus de 70 % des élèves ont déclaré que l'autoévaluation leur avait permis de guider leur production et de contrôler la cohérence entre les divers moments de leur travail; que 80 % ont affirmé que cela les aidait à concrétiser les directives de l'enseignant et à mieux les comprendre; enfin, 43 % d'entre eux ont trouvé qu'une grille d'autoévaluation leur donnait des idées pour démarrer un projet, ou pour préparer des questions lors des rencontres individuelles avec l'enseignant.

Somme toute, je peux ajouter que ce livre a de grandes qualités. Il est facile à lire, accessible à tous, et il identifie bien les étapes du processus. De plus, le lecteur peut choisir l'un ou l'autre des chapitres, selon son intérêt premier, sans que sa lecture en soit dérangée. Si vous désirez commencer cette méthode par le biais du domaine socio-affectif, je vous conseille alors de commencer la lecture au 3e chapitre. Si vous êtes curieux de certaines réactions de parents, lisez en commençant par la fin, mais si vous voulez d'abord connaître le modèle sousjacent à cette méthode, alors tournez la page et lisez. Vous ne serez pas déçu!

Pour conclure, quoi ajouter? Que l'autoévaluation ne fait tellement pas partie de nos mœurs et de notre culture qu'il faut apprendre dès son plus jeune âge à l'utiliser. Il est essentiel de savoir se poser les vraies questions, de savoir se « regarder en pleine face », de se connaître à l'intérieur de soi et surtout de s'aimer. Pour cela il faut démystifier l'autoévaluation : ce n'est pas de la « Loto-évaluation », ni de l'autosatisfaction, ni de l'autonotation, c'est plutôt une appréciation personnelle sur ses propres actes, suivie d'une prise de décision adéquate, juste et rationnelle suite à son jugement. C'est ce que Cyril et Raynald ont su démontrer.

1 Allal, L. (1988) « Peut-on instrumenter l'autoévaluation? », Rencontre ADMÉÉ - Bruxelles.

Louise Bélair, Ph.D.
Faculté d'éducation
Université d'Ottawa

Modèle d'évaluation formative permettant de faire participer l'élève à l'évaluation de ses apprentissages

◆

Ce chapitre a pour but de faire connaître le modèle d'évaluation formative qui permettra de faire participer l'élève à l'évaluation de ses propres apprentissages. Le modèle d'évaluation formative en est un d'autoévaluation.

Notre modèle d'évaluation résulte d'un ensemble d'expériences déjà menées dans plusieurs classes du deuxième cycle du primaire depuis l'implantation des nouveaux programmes d'études du MEQ et de l'approche de l'évaluation formative à interprétation critérielle.

Tout en reconnaissant l'apport important de la docimologie dans l'évaluation, le modèle fait valoir la nécessité d'une participation active de l'élève à l'évaluation formative de ses apprentissages pour que celle-ci joue véritablement un rôle d'aide et de soutien.

En vertu du modèle, l'évaluation formative est effectuée tout au long de l'année et le bulletin descriptif est présenté comme un instrument de consignation et d'information. Cet instrument reflète le cheminement de l'élève à un moment de son évolution scolaire, concernant les apprentissages d'ordre cognitif et d'ordre socio-affectif. Ce type de consignation se distingue nettement de celle effectuée au terme d'une année scolaire afin de dresser le bilan des acquis de l'élève en vue de sa promotion et de son classement.

Le modèle d'évaluation formative ne requiert pas une longue préparation de la part des enseignants et des enseignantes. Il suppose une bonne connaissance des programmes d'études et de leur mode d'évaluation. Plus particulièrement, il nécessite l'élaboration et la gestion d'outils de planification et d'évaluation adaptés à l'élève. Comme tout projet innovateur, son implantation suppose un soutien constant auprès des enseignants et des enseignantes pour qu'ils puissent faire participer progressivement l'élève à l'évaluation de ses apprentissages.

À la base du modèle d'évaluation, on trouve des valeurs jugées essentielles en pédagogie. On y adhère dans la mesure où l'on fait confiance à l'élève qui apprend, dans la mesure où l'on a confiance en sa croissance personnelle, au développement de son autonomie et à son sens des responsabilités. L'élève, principal intéressé, possède une capacité d'apprendre qui lui permet de progresser selon son rythme et selon son style d'apprentissage.

Processus d'autoévaluation

Le modèle présente l'évaluation comme un processus intégré au processus d'apprentissage de l'élève. L'évaluation formative, définie comme étant au service de l'apprentissage, aide l'élève à mieux apprendre et lui fournit régulièrement les moyens de progresser dans ses apprentissages, tant sur le plan cognitif (habiletés, connaissances) que sur le plan socio-affectif (attitudes et comportements).

Le processus d'autoévaluation est décrit comme un ensemble d'opérations liées à la démarche évaluative (intention, mesure, jugement, décision), ordonnées dans le temps et organisées de façon à amener l'élève à devenir de plus en plus autonome dans ses apprentissages.

Le processus est dynamique et interactif, car il met constamment en relation l'élève, ses parents et l'enseignant.

À mesure qu'il apprend, l'élève est confronté aux attentes et au jugement de l'enseignant et à celui de ses parents, et il est amené graduellement à assumer ses responsabilités comme « apprenant ».

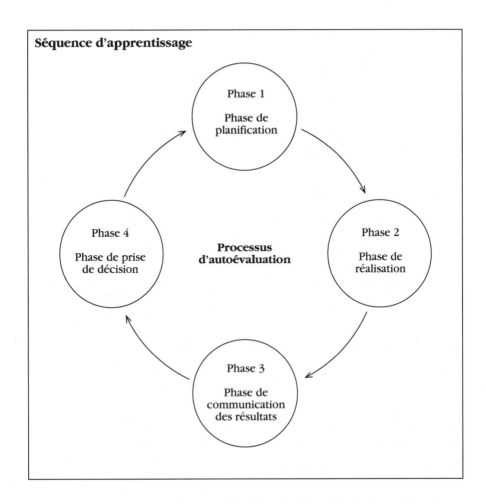

Séquence d'apprentissage

Phase 1

Phase de planification

Phase 4

Phase de prise de décision

Processus d'autoévaluation

Phase 2

Phase de réalisation

Phase 3

Phase de communication des résultats

Le processus d'autoévaluation est cyclique, c'est-à-dire qu'il se vit à l'intérieur d'une séquence d'apprentissage fixée dans le temps prévu au calendrier scolaire, soit une période d'environ quarante-cinq jours de classe. Au terme de cette période, un bulletin scolaire faisant suite à un bilan, est remis aux parents. Ce cycle se répète quatre fois par année puisqu'une année scolaire est découpée en quatre séquences d'apprentissage.

Phases du processus d'autoévaluation

Le processus d'autoévaluation comporte quatre phases principales : une phase de planification, une phase de réalisation, une phase de communication des résultats et une phase de prise de décision.

Le schéma ci-dessus illustre ces quatre phases qui se déroulent à l'intérieur d'une séquence d'apprentissage.

La phase de planification (Phase 1)

La phase de planification consiste à déterminer avec les élèves les objectifs d'apprentissage poursuivis au cours de la séquence, à préciser les critères d'évaluation par des indicateurs d'observation, à prévoir les situations d'apprentissage et les situations d'évaluation, et à préparer avec eux les outils de consignation des résultats d'évaluation.

C'est la phase où l'élève est amené à se fixer des objectifs personnels pour toute la séquence, à rechercher des moyens d'atteindre ses objectifs, à s'approprier les critères d'évaluation et à préparer son dossier d'apprentissage pour y consigner ses résultats d'évaluation.

La phase de réalisation (Phase 2)

La phase de réalisation ou de cueillette d'observations sur les apprentissages consiste à réaliser les activités d'évaluation prévues, à faire participer l'élève à l'évaluation de ses apprentissages et à consigner les résultats d'évaluation.

C'est la phase où l'élève est amené à évaluer ses propres apprentissages à l'aide d'outils d'autoévaluation et, à la suite des rencontres de coévaluation avec son enseignant ou son enseignante, à consigner les observations recueillies et à conserver les productions évaluées dans son dossier d'apprentissage.

La phase de communication des résultats (Phase 3)

La phase de communication des résultats consiste à préparer la communication des résultats aux parents, à organiser et à réaliser une rencontre parents-enfants au moment de la remise du bulletin scolaire.

C'est la phase où l'élève est amené à préparer, à l'aide de son dossier d'apprentissage, les informations à communiquer à ses parents sur l'état de ses apprentissages et à les comparer aux attentes de ses parents.

La phase de prise de décision (Phase 4)

La phase de prise de décision consiste, après un examen rétrospectif de la rencontre parents-enfants, à faire prendre conscience aux élèves de leur cheminement intellectuel et socio-affectif afin que ceux-ci puissent préciser leurs objectifs personnels pour la prochaine séquence, à sélectionner des objectifs collectifs devant être poursuivis par la classe et à vérifier les outils de travail nécessaires avant que soit entreprise une nouvelle séquence d'apprentissage.

C'est la phase où l'élève est amené à analyser son cheminement intellectuel et son comportement à la lumière des appréciations reçues de ses parents et de son enseignant ou enseignante, et à décider des priorités à mettre en place pour réajuster la trajectoire de ses apprentissages ou en poursuivre la progression.

Le tableau-synthèse de la page suivante présente les quatre phases du processus d'autoévaluation ainsi que les étapes qu'elles renferment.

Tableau-synthèse du processus d'autoévaluation

Le tableau suivant présente les quatre phases et les étapes de ce processus.

1. Phase de planification
   - 1.1 Détermination des objectifs d'apprentissage poursuivis au cours de la séquence.
   - 1.2 Précision des critères d'évaluation des apprentissages.
   - 1.3 Prévision des situations d'apprentissage et d'évaluation.
   - 1.4 Préparation des outils de consignation des résultats d'évaluation.

2. Phase de réalisation
   - 2.1 Réalisation des activités d'évaluation.
   - 2.2 Autoévaluation de l'élève et consignation de ses observations.
   - 2.3 Coévaluation et consignation des observations de l'enseignant.
   - 2.4 Conservation des résultats d'évaluation.

3. Phase de communication des résultats
   - 3.1 Préparation de la communication aux parents.
   - 3.2 Organisation de la rencontre parents-enfants.
   - 3.3 Réalisation de la rencontre parents-enfants.

4. Phase de prise de décision
   - 4.1 Examen rétrospectif de la rencontre parents-enfants.
   - 4.2 Prise de conscience par l'élève de son cheminement et sélection d'objectifs personnels prioritaires.
   - 4.3 Sélection d'objectifs collectifs à être poursuivis par la classe.
   - 4.4 Vérification des outils de travail de l'élève.

Les chapitres suivants expliquent la manière de mener à bien chacune des quatre phases du processus d'autoévaluation avec les élèves en classe. Des notes méthodologiques illustrées d'exemples viennent préciser les activités que renferme chacune des phases de ce processus.

Le chapitre 2 traite le processus d'autoévaluation appliqué à des apprentissages d'ordre cognitif. Le chapitre 3 traite le processus d'autoévaluation appliqué à des apprentissages d'ordre socio-affectif. Le chapitre 4 traite la rencontre parents-enfants comme moyen privilégié de la phase de communication des résultats.

Note	En vue de faciliter l'application du présent modèle d'évaluation en classe, il n'est nullement obligatoire de déployer toutes ces activités dans la même séquence d'apprentissage, mais il convient de « s'habiliter » à l'une ou l'autre d'entre elles, avant d'appliquer en totalité le processus d'autoévaluation que propose cet ouvrage.

Comment faire participer l'élève à l'évaluation de ses apprentissages d'ordre cognitif

◆

Ce chapitre présente le processus d'autoévaluation
appliqué à des apprentissages d'ordre cognitif
et illustré par des exemples
en communication écrite.

1. Phase de planification

Présentation

La première phase du processus d'autoévaluation, la « phase de planification », s'effectue au début de la séquence d'apprentissage déterminée par le calendrier scolaire. C'est une phase de planification des objectifs d'apprentissage d'ordre cognitif qui seront poursuivis au cours de cette période. C'est aussi une phase de planification des activités d'apprentissage qui seront mises en place pour atteindre ces objectifs et des activités d'évaluation qui permettront de les évaluer. Bref, c'est une phase de planification qui oriente les objets d'études.

Contenu

La phase de planification consiste d'abord à déterminer les objectifs d'apprentissage d'ordre cognitif qui seront poursuivis. Ces objectifs concernent l'apprentissage des habiletés, des connaissances et des techniques définies dans les programmes d'études du ministère de l'Éducation du Québec.

La phase de planification consiste ensuite à sélectionner les critères d'évaluation et leurs indicateurs d'observation qui permettront de vérifier l'atteinte des objectifs préalablement déterminés. Une fois sélectionnés, ces critères et ces indicateurs sont présentés et expliqués aux élèves afin qu'ils les connaissent, se les approprient et les démontrent en situation d'évaluation.

Enfin, cette phase consiste à préparer des outils de consignation des résultats provenant de l'évaluation des apprentissages. Ces résultats seront consignés dans un dossier d'apprentissage (ensemble d'instruments de mesure et d'évaluation : grilles d'évaluation, fiches d'observation, productions écrites, tâches évaluatives, etc.) qui servira à renseigner les parents au moment de la remise du bulletin scolaire.

Durée

La phase de planification se déroule sur deux ou trois jours conjointement avec les élèves. Certaines tâches sont réalisées par l'enseignant par exemple, celles qui consistent à déterminer les objectifs des programmes d'études et à prévoir les situations d'apprentissage et d'évaluation. D'autres tâches de planification sont réalisées avec les élèves : la précision des critères d'évaluation et de leurs indicateurs d'observation et la préparation du dossier d'apprentissage.

Au début d'une année scolaire, il va sans dire que l'enseignant est le principal responsable de cette phase, particulièrement si les élèves n'ont jamais vécu de telles expériences. Par contre, après une première séquence d'apprentissage, les élèves participent davantage, car une plus grande place est accordée à la planification d'objectifs personnels. Ainsi, après la première séquence, les élèves sont davantage habilités à se fixer des objectifs personnels et à prévoir des moyens pour les atteindre.

Démarche

Voici les instructions pour mener à bien la phase de planification, la première du processus d'autoévaluation. Elle compte quatre étapes.

1. **Phase de planification**
   1.1 Détermination des objectifs d'apprentissage poursuivis au cours de la séquence.
   1.2 Précision des critères d'évaluation des apprentissages.
   1.3 Prévision des situations d'apprentissage et d'évaluation.
   1.4 Préparation des outils de consignation des résultats d'évaluation.

2. **Phase de réalisation**
   2.1 Réalisation des activités d'évaluation.
   2.2 Autoévaluation de l'élève et consignation de ses observations.
   2.3 Coévaluation et consignation des observations de l'enseignant.
   2.4 Conservation des résultats d'évaluation.

3. **Phase de communication des résultats**
   3.1 Préparation de la communication aux parents.
   3.2 Organisation de la rencontre parents-enfants. (chapitre 4)
   3.3 Réalisation de la rencontre parents-enfants. (chapitre 4)

4. **Phase de prise de décision**
   4.1 Examen rétrospectif de la rencontre parents-enfants.
   4.2 Prise de conscience par l'élève de son cheminement et sélection d'objectifs personnels prioritaires.
   4.3 Sélection d'objectifs collectifs à être poursuivis par la classe.
   4.4 Vérification des outils de travail de l'élève.

Les activités de la phase de planification sont présentées selon l'ordre de leur déroulement en classe et illustrées d'exemples en communication écrite.

1.1 Détermination des objectifs d'apprentissage d'ordre cognitif poursuivis au cours de la séquence

Note	• C'est la première étape de la phase de planification. Elle consiste à choisir les objectifs d'apprentissage d'ordre cognitif qui seront poursuivis par les élèves au cours de la séquence.
	• Ces objectifs proviennent des programmes d'études et concernent autant le domaine des habiletés que celui des connaissances et des techniques.

Pour chaque programme d'études, déterminer, à l'aide du matériel didactique, les objectifs d'apprentissage (objectifs généraux et objectifs opérationnels) à être visés au cours de la séquence.

Note	• Les tâches reliées à la détermination des objectifs sont réalisées par l'enseignant, compte tenu du matériel didactique à sa disposition. Les élèves s'y engagent graduellement : d'abord, au début de l'année scolaire, on leur fait connaître les objectifs d'ordre cognitif à poursuivre, puis, en cours d'année, on les amène à se fixer eux-mêmes des objectifs d'apprentissage et à trouver des moyens de les atteindre.

À titre d'exemple, voici un ensemble d'objectifs d'apprentissage en communication écrite, déterminés pour une séquence donnée en 6e année.

Objectifs d'apprentissage en communication écrite — 6ᵉ année	
Objectif général	**Rendre l'élève capable de rédiger des textes à caractère informatif**
Objectifs intermédiaires	Habiliter l'élève à : 1 choisir ses informations en tenant compte de son intention, des besoins d'information et des caractéristiques du lecteur; 2 organiser ses informations dans un ordre donné; 3 structurer des phrases conformes à la syntaxe de l'écrit; 4 orthographier des mots d'usage fréquent; 5 mettre les marques du féminin et du pluriel aux noms et aux adjectifs; 6 employer la bonne finale des verbes aux temps simples, à la 1ʳᵉ personne et à la 3ᵉ personne du singulier; 7 différencier les terminaisons homophoniques é/er; 8 utiliser adéquatement les signes de ponctuation (. ? !) et la virgule (,) marquant l'énumération; 9 repérer des informations orthographiques dans un dictionnaire, dans une grammaire et dans des tableaux de conjugaisons ; 10 respecter la disposition d'une lettre; 11 calligraphier lisiblement et proprement.

1.2 Précision des critères d'évaluation des apprentissages d'ordre cognitif

Note
- Cette étape fait suite à la détermination des objectifs d'apprentissage. Elle consiste à sélectionner, en fonction des objectifs retenus, les critères d'évaluation de même que leurs indicateurs d'observation et à les faire connaître aux élèves dès le début de la séquence.

- À partir des objectifs d'apprentissage déterminés pour la séquence, sélectionner les critères d'évaluation ainsi que les indicateurs d'observation sur lesquels portera l'évaluation.
- Les formuler dans un langage simple, accessible aux élèves, afin de les leur faire connaître.

Note

• À titre d'exemple, le tableau-synthèse suivant présente les éléments d'apprentissage découlant des objectifs en communication écrite pour une séquence donnée en 6e année; il propose aussi les critères d'évaluation ainsi que les indicateurs d'observation formulés aux élèves.

Critères d'évaluation des apprentissages en communication écrite — 6e année

Critères d'évaluation	Éléments d'apprentissage marqués d'une évaluation	Indicateurs d'observation
Choix des informations (objectif 1)	Respect de l'intention du message (expressif, incitatif, informatif, poétique/ludique); pertinence et suffisance des idées par rapport à l'intention; formulation des idées avec des mots précis et variés.	J'ai écrit toutes mes idées pour que mon message soit clair.
	Pertinence et suffisance des idées par rapport à l'interlocuteur : adaptation du texte selon ses besoins d'information, selon les rapports familiers, selon la maîtrise et la variété de langue de l'interlocuteur.	J'ai fait attention à qui j'écrivais.
Organisation des informations (objectifs 2 et 3)	Ordre logique ou chronologique des idées; enchaînement entre les phrases et les paragraphes; présence de mots-liens adéquats.	J'ai écrit mes idées en ordre.
	Structure de la phrase (syntaxe).	J'ai écrit des phrases bien construites.
Respect du code écrit (objectifs 4 à 10).	Mots d'orthographe d'usage fréquemment utilisés et travaillés en classe : écrits de mémoire ou tirés d'une source de référence d'accès facile : cahier orthographique, dictionnaires, etc.	J'ai bien orthographié les mots (dictionnaires, cahier orthographique, etc.).
	Règles de grammaire et de ponctuation, cas d'homophonie appris au moment de la rédaction, à consulter sur les pancartes affichées en classe, dans un cahier de lois, un code grammatical, des tableaux de conjugaisons, etc.	J'ai appliqué les règles de grammaire et de ponctuation (pancartes, cahier de lois, code grammatical, etc.).
	Conventions qui régissent la forme du texte : disposition de la lettre, de la pancarte ou de l'affiche, de la bande dessinée, etc.	J'ai respecté les caractéristiques du texte (lettre, pancarte, bande dessinée, etc.).
Présentation du texte (objectif 11)	Formation, netteté, lisibilité de l'écriture; rapidité à tracer celle-ci.	J'ai bien formé mes lettres : minuscules, majuscules.
	Mise au propre et soin de la présentation du texte après une correction consciencieuse.	J'ai recopié mon brouillon sans faire d'erreurs.

- Profiter d'une activité d'apprentissage dans une discipline donnée pour présenter aux élèves les critères d'évaluation sélectionnés pour la séquence d'apprentissage.

Par exemple, profiter d'une activité de communication écrite pour présenter les critères d'évaluation et les indicateurs d'observation qui leur ont été formulés.

Évaluation de ma communication écrite	
	Notes explicatives à l'élève
Je choisis mes idées. 1. J'ai écrit toutes mes idées pour que mon message soit clair. 2. J'ai fait attention à qui j'écrivais.	– J'ai écrit toutes les idées nécessaires pour exprimer mon message. – J'ai utilisé des mots précis et variés pour formuler mon message. – J'ai écrit des idées adaptées à la personne qui va lire mon message (correspondant scolaire, parents, amis, directeur, etc.).
J'organise mes idées. 3. J'ai écrit mes idées en ordre. 4. J'ai écrit des phrases bien construites.	– J'ai écrit mes idées en suivant l'ordre de mon plan. – J'ai organisé mes idées en paragraphes. – J'ai composé des phrases variées et compréhensibles.
J'écris correctement mes idées. 5. J'ai bien orthographié les mots (dictionnaires, cahier orthographique, etc.). 6. J'ai appliqué les règles de grammaire et de ponctuation (pancarte, cahier de lois, code grammatical, etc.). 7. J'ai respecté les caractéristiques du texte (lettre, pancarte, bande dessinée, etc.).	– Je me suis posé des questions sur les mots dont je doutais et je les ai vérifiés. – J'ai relu plusieurs fois mon texte en me servant de ma fiche d'autocorrection. – J'ai utilisé les moyens à ma disposition. – J'ai disposé mon texte selon la forme demandée.
Je présente mon texte. 8. J'ai bien formé mes lettres : minuscules, majuscules. 9. J'ai recopié mon brouillon sans faire d'erreurs.	– J'ai soigné mon écriture. – J'ai comparé mon texte à mon brouillon corrigé. – J'ai soigné la présentation de mon texte.

- Lire avec les élèves les critères d'évaluation et leurs indicateurs d'observation sélectionnés pour la séquence. Les faire pointer sur la grille d'évaluation de l'élève à l'aide d'un crayon marqueur.

Note

- Il se peut que, dépendamment des objectifs poursuivis dans une séquence, tous les critères et tous les indicateurs ne soient pas retenus. Il faut alors indiquer aux élèves ceux qui sont sélectionnés.

Grille d'évaluation de ma communication écrite

Je choisis mes idées.

1. J'ai écrit toutes mes idées pour que mon message soit clair.

2. J'ai fait attention à qui j'écrivais.

J'organise mes idées.

3. J'ai écrit mes idées en ordre.

4. J'ai écrit des phrases bien construites.

J'écris correctement mes idées.

5. J'ai bien orthographié les mots (dictionnaires, cahier orthographique, etc.).

6. J'ai appliqué les règles de grammaire et de ponctuation (pancarte, cahier de lois, code grammatical, etc.).

7. J'ai respecté les caractéristiques du texte (lettre, pancarte, bande dessinée, etc.).

Je présente mon texte.

8. J'ai bien formé mes lettres : minuscules, majuscules.

9. J'ai recopié mon brouillon sans faire d'erreurs.

– Expliquer chacun des critères d'évaluation en se servant de notes explicatives. Au besoin, illustrer ces critères et ces indicateurs par des exemples, et faire les liens nécessaires avec les objectifs.

Note

- À chacune des activités d'évaluation, revoir régulièrement avec les élèves les critères d'évaluation et leurs indicateurs d'observation, afin qu'ils puissent se familiariser avec la formulation et être capables de les expliquer à leurs parents au moment de la remise du bulletin scolaire à la fin de la séquence.

1.3 Prévision des situations d'apprentissage et d'évaluation

Note	• Cette troisième étape consiste à prévoir les situations d'apprentissage et d'évaluation qui, respectivement, permettront de poursuivre et d'évaluer les objectifs déterminés au début de la séquence.
	• Ce travail de prévision est fait par l'enseignant en tenant compte du matériel didactique à sa disposition.
	• Les situations d'évaluation doivent être planifiées en tenant compte des principes directeurs de programmes d'études. Elles doivent se dérouler dans les mêmes conditions que les situations d'apprentissage pour permettre à l'élève de démontrer le degré de maîtrise de ses habiletés.

– Annoncer aux élèves les principaux projets d'apprentissage qui sont prévus pour la séquence. Par exemple, la correspondance scolaire, une recherche sur les oiseaux, une sortie dans le milieu, l'organisation d'un magasin en classe, la rédaction d'un conte, un jeu de bingo, la préparation de la communication des résultats pour les parents, etc.

– Faire les liens entre les projets d'apprentissage et les objectifs qui y sont poursuivis.

– Recueillir les commentaires des élèves. Vérifier leur intérêt et leur engagement face à ces projets. Accueillir leurs suggestions et, s'il y a lieu, en tenir compte lors de leur réalisation.

– Au besoin, proposer aux élèves de participer à la préparation de ces projets, par exemple, apporter en classe de la documentation à exposer dans un coin spécial, participer à un sondage, recueillir des informations par la lecture, etc.

– Annoncer aussi aux élèves les projets d'évaluation planifiés pour la séquence, par exemple, la rédaction d'un autoportrait pour se faire connaître aux correspondants scolaires, la présentation orale des résultats de la recherche sur les oiseaux, la résolution de problèmes écrits en mathématique, etc. Faire des liens avec les objectifs poursuivis qui seront évalués.

1.4 Préparation des outils de consignation des résultats de l'évaluation des objectifs d'ordre cognitif

| Note | • Cette dernière étape de planification consiste à préparer les outils nécessaires (grilles d'évaluation, fiches de référence aux activités d'évaluation, cahiers, cartables, etc.) qui serviront aux élèves à consigner et à conserver les résultats des activités d'évaluation.
• Ces outils permettent de monter, tout au long de la séquence, un dossier d'apprentissage que l'élève communiquera à ses parents lors de la remise du bulletin scolaire.
• Le dossier d'apprentissage est donc constitué de l'ensemble d'outils de consignation des résultats (grilles d'évaluation et fiches de références aux activités d'évaluation) et d'un fichier (cahier, cartable, etc.) dans lequel sont conservées les productions qui ont été l'objet d'observations. |
|---|---|

- Annoncer aux élèves qu'au terme de la séquence, ils auront la responsabilité d'expliquer leur dossier d'apprentissage à leurs parents. Ils devront donc consigner et conserver leurs résultats.
- Leur expliquer comment évaluer leurs apprentissages et comment noter leurs résultats sur les grilles d'évaluation.

| Note | • Les couleurs retenues pour consigner les résultats (observations) font référence aux feux de circulation routière :
  – la couleur **verte** indique que l'objectif a été atteint et que l'élève a réalisé sans aide la tâche demandée;
  – la couleur **jaune** indique que l'objectif a été atteint partiellement et que l'élève a eu besoin d'un peu d'aide;
  – la couleur **rouge** indique que l'objectif n'a pas été atteint et que l'élève a eu besoin de beaucoup d'aide.
• L'espace pour consigner les résultats est divisé en deux parties : la partie du bas à l'élève pour noter son appréciation au moment de l'autoévaluation, celle du haut à l'enseignant pour son appréciation au moment de la coévaluation. |
|---|---|

- Leur présenter les notes explicatives suivantes en les appliquant à des exemples puisés dans les grilles d'évaluation.

Comment évaluer mes apprentissages

 circulation facile (couleur verte)

circulation à risques (couleur jaune)

 arrêt obligatoire de circulation (couleur rouge)

Couleur verte

circulation facile

- La couleur verte veut dire que je chemine aisément, sans problèmes.

- J'ai réussi avec facilité et suis allé au-delà de la tâche demandée.
- Je n'ai pas fait d'erreurs.
- J'ai été capable d'utiliser tous les moyens à ma disposition.
- La prochaine fois, je devrai continuer à utiliser tous les moyens à ma disposition.

Couleur jaune

circulation à risques

- La couleur jaune veut dire que je chemine dangereusement.
- Si je continue ainsi, je risque d'avoir plus de difficulté.

- J'ai tout juste réussi à réaliser la tâche demandée.
- J'ai fait quelques erreurs.
- J'ai été capable d'utiliser seulement quelques moyens à ma disposition.
- La prochaine fois, je devrai porter attention pour utiliser tous les moyens disponibles.

Couleur rouge

arrêt obligatoire de circulation

- La couleur rouge veut dire que je chemine difficilement et avec beaucoup de problèmes.
- Je dois arrêter obligatoirement pour résoudre mes problèmes.

- Je n'ai pas réussi à réaliser la tâche demandée, même avec de l'aide.
- J'ai fait beaucoup d'erreurs.
- Je n'ai pas été capable d'utiliser les moyens à ma disposition.
- La prochaine fois, je devrai avoir obtenu des explications pour utiliser les moyens disponibles.

Comment consigner mon évaluation

 1. D'abord, dans la partie du bas, je colorie en vert, en jaune ou en rouge selon mon évaluation.

2. Ensuite, dans la partie du haut, mon professeur inscrit son évaluation, selon qu'il est d'accord ou non avec moi.

17

- Présenter ensuite aux élèves la fiche de références à l'activité d'évaluation.

  À titre d'exemple, voici une fiche de références pour des activités d'évaluation en communication écrite.

**Fiche de références pour mes activités d'évaluation
en communication écrite**

Date : ❶ _____

Titre : ❷ _____

Référence au dossier d'apprentissage : ❸ _____
_____

- À l'aide des notes suivantes, expliquer aux élèves comment inscrire, au fur et à mesure des activités d'évaluation, les coordonnées de chacune d'elles : la date, le titre et la référence où l'on peut retracer l'activité d'évaluation dans le dossier d'apprentissage.

Mes références pour les activités d'évaluation

Notes explicatives à l'élève (voir références ci-haut)

❶ J'inscris la date de l'activité d'évaluation.

❷ J'inscris le titre de l'activité d'évaluation.

❸ Je note l'endroit précis de mon dossier où je retrouverai facilement l'activité d'évaluation pour l'expliquer à mes parents.

Il est important de bien remplir cette fiche et de placer mes travaux en ordre dans mon dossier d'apprentissage. Ainsi, je pourrai retrouver tous les documents nécessaires pour expliquer mon bulletin à mes parents.

Note
- Cette tâche de consignation facilite grandement la révision et la mise en ordre du dossier d'apprentissage quand vient le moment de préparer la communication aux parents. L'élève possède alors les références nécessaires à partir desquelles il peut expliquer les résultats de ses apprentissages.

- Préciser aux élèves l'importance de remplir correctement ces outils de consignation qui constituent une source de renseignements indispensables sans lesquels ils ne pourront informer adéquatement leurs parents au moment de la communication du bulletin scolaire.

- Déterminer avec les élèves un moyen de conserver toutes les productions évaluées au cours de la séquence d'apprentissage : cahier, fichier, cartable, duo-tang, boîte de rangement, etc.

Note
- Il est nécessaire de rappeler régulièrement à l'élève l'importance de classer les productions évaluées s'il veut informer adéquatement ses parents sur ses apprentissages.

- Il est essentiel d'aider l'élève à conserver ses productions, de lui rappeler cette tâche, de lui donner du temps et de vérifier si elle est exécutée correctement.

2. Phase de réalisation

Présentation

La deuxième phase du processus d'autoévaluation, la « phase de réalisation », succède à la phase de planification. Se placent ici les activités d'évaluation en vue de recueillir des observations sur le déroulement des apprentissages d'ordre cognitif. Cette phase est la plus longue du processus.

Contenu

La phase de réalisation consiste à organiser et à réaliser les activités d'évaluation prévues lors de la planification, en vue de recueillir des observations sur les apprentissages.

Cette phase engage l'élève dans l'évaluation de ses apprentissages. Par des outils d'autoévaluation et par des rencontres de coévaluation avec l'enseignant, l'élève est amené à évaluer régulièrement ses apprentissages afin d'identifier les forces à conserver et les faiblesses à améliorer. Cette participation l'aide à devenir responsable de ses apprentissages et à progresser dans la poursuite des objectifs.

Enfin, cette phase consiste à consigner les observations recueillies et à conserver les résultats d'évaluation, dossier qui sera présenté à ses parents lors de la remise du bulletin scolaire au terme de la séquence.

Durée

Cette phase se poursuit au cours de la séquence qui dure environ cinq à six semaines, comme le prévoit le calendrier scolaire.

Démarche

Voici les instructions pour mener à bien la phase de réalisation, la deuxième du processus d'autoévaluation. Elle compte quatre étapes.

1. Phase de planification

1.1 Détermination des objectifs d'apprentissage poursuivis au cours de la séquence.

1.2 Précision des critères d'évaluation des apprentissages.

1.3 Prévision des situations d'apprentissage et d'évaluation.

1.4 Préparation des outils de consignation des résultats d'évaluation.

2. Phase de réalisation

2.1 Réalisation des activités d'évaluation.

2.2 Autoévaluation de l'élève et consignation de ses observations.

2.3 Coévaluation et consignation des observations de l'enseignant.

2.4 Conservation des résultats d'évaluation.

3. Phase de communication des résultats

3.1 Préparation de la communication aux parents.

3.2 Organisation de la rencontre parents-enfants.

3.3 Réalisation de la rencontre parents-enfants.

4. Phase de prise de décision

4.1 Examen rétrospectif de la rencontre parents-enfants.

4.2 Prise de conscience par l'élève de son cheminement et sélection d'objectifs personnels prioritaires.

4.3 Sélection d'objectifs collectifs à être poursuivis par la classe.

4.4 Vérification des outils de travail de l'élève.

Les activités de cette phase sont présentées selon l'ordre de leur déroulement en classe et illustrées d'exemples en communication écrite.

2.1 Réalisation des activités d'évaluation visant à recueillir des observations sur les apprentissages d'ordre cognitif

Note	• Cette étape consiste à organiser et à réaliser les activités d'évaluation qui ont été planifiées au début de la séquence.
	• Ces activités permettent à l'enseignant et aux élèves d'observer le déroulement des apprentissages d'ordre cognitif prévus.

Avant l'activité d'évaluation

- Faire connaître aux élèves l'activité d'évaluation formative retenue pour une discipline donnée.

  Par exemple, en communication écrite, l'activité d'évaluation formative consistant à rédiger un « autoportrait » pour se faire connaître de leur correspondant scolaire a été retenue pour cette séquence d'apprentissage. En effet, elle permet d'évaluer judicieusement les objectifs de communication écrite qui ont été sélectionnés à la phase de planification.

- Procéder à la mise en situation de l'activité. Présenter aux élèves la tâche évaluative et expliquer les consignes d'exécution de l'activité. Leur préciser que cette activité devrait normalement se faire sans l'aide de l'enseignant, afin qu'ils puissent démontrer le degré de maîtrise de leurs habiletés.

- Avec le concours des élèves, rappeler les connaissances apprises qui ont été dégagées des activités d'apprentissage précédentes et qui sont nécessaires à la réalisation de la tâche.

- À l'aide de la grille d'évaluation, revoir avec les élèves les critères qui serviront à l'évaluation de la production.

Pendant l'activité d'évaluation

- Laisser aux élèves le temps nécessaire pour réaliser l'activité d'évaluation.

- Circuler discrètement et répondre aux questions visant à clarifier la compréhension de la tâche à exécuter.

Note	• Rappelons que l'évaluation formative n'est pas un piège : elle est au service de l'élève pour lui permettre de mieux progresser dans ses apprentissages. Ainsi, pour éviter des situations d'évaluation perçues comme un échec, l'enseignant peut fournir de l'aide à un élève qui éprouverait des

difficultés. Dans ce cas, il s'agit de lui faire remarquer l'aide qui est apportée et de noter la nature de cette aide par un symbole quelconque sur sa copie.

- Ainsi, après l'activité, au moment de la coévaluation avec l'élève, l'enseignant évaluera la quantité d'aide fournie avant de consigner ses observations sur la grille d'évaluation de l'élève.

Après l'activité d'évaluation

– Faire remplir la fiche de références pour l'activité d'évaluation qui vient d'être réalisée.

– Demander ensuite aux élèves d'évaluer leur production à l'aide de la grille d'évaluation en tenant compte des explications déjà présentées sur la façon d'évaluer leurs apprentissages.

Exemple

En communication écrite, l'élève, avant de remettre son texte à l'enseignant, évalue sa production après l'avoir révisée et corrigée.

2.2 Autoévaluation de l'élève et consignation de ses observations

Note

- Cette étape consiste à amener l'élève à prendre conscience de la manière avec laquelle il apprend, à identifier ses forces et ses faiblesses, à rechercher et à utiliser les moyens qui lui permettront de progresser dans ses apprentissages.

- À l'aide d'outils d'autoévaluation, on propose à l'élève de consigner systématiquement ses observations. Cette consignation régulière, avec l'aide de l'enseignant, permet à l'élève de porter un jugement sur ses apprentissages et d'expliquer son cheminement à ses parents lors de la remise du bulletin scolaire.

- L'autoévaluation, répétée régulièrement, devient un moyen efficace : l'élève prend conscience de son « image » d'apprenant. Ce regard introspectif l'amène à former son jugement, à prendre confiance en ses capacités, à identifier ses forces et ses faiblesses et à utiliser les moyens pour atteindre les objectifs.

Notes supplémentaires sur l'autoévaluation des apprentissages de l'élève

Pour évaluer ses apprentissages, l'élève doit se questionner : a-t-il atteint et de quelle manière l'objectif proposé?

Appréciation	Notes explicatives
Cheminement aisé, sans problèmes (couleur verte)	• L'élève réussit facilement à atteindre l'objectif; • L'élève commet peu ou pas d'erreurs; • L'élève utilise efficacement les moyens d'apprentissage (autocorrection, sources de référence, moyens mnémotechniques, etc.) à sa disposition; • L'élève n'a pas besoin d'aide.
Cheminement peu aisé, quelques problèmes (couleur jaune)	• L'élève réussit tout juste à atteindre l'objectif (seuil acceptable); • L'élève commet quelques erreurs; • L'élève utilise plus ou moins efficacement les moyens d'apprentissage; • L'élève aurait besoin d'un peu d'aide.
Cheminement difficile, beaucoup de problèmes (couleur rouge)	• L'élève ne réussit pas à atteindre l'objectif; • L'élève commet beaucoup d'erreurs; • L'élève n'utilise pas efficacement les moyens d'apprentissage; • L'élève a besoin de beaucoup d'aide.

Note
• Pour familiariser les élèves avec la façon de procéder lors des premières activités d'évaluation, expliquer la grille d'évaluation et demander de la remplir.

– Rappeler aux élèves la signification des couleurs utilisées pour symboliser l'appréciation sur leurs apprentissages.

– Lire avec eux un premier critère d'évaluation et commenter les indicateurs d'observation; illustrer par des exemples, s'il y a lieu.

– Laisser ensuite aux élèves un temps de réflexion pour juger de leur performance et un autre pour consigner leur appréciation dans l'espace réservé à cette fin.

– Répondre aux questions de certains élèves qui auraient besoin d'aide.

Note
• Lorsque les élèves seront plus habiles dans l'évaluation de leur production, les laisser aller à leur propre rythme.

2.3 Coévaluation et consignation des observations de l'enseignant

Note	• Cette étape permet à l'élève et à l'enseignant de réfléchir sur la production évaluée et de recueillir des observations sur la démarche de l'élève.
	• Elle consiste à comparer les observations notées par l'élève lors de son autoévaluation aux observations recueillies par l'enseignant. Dans un court entretien avec l'élève, l'enseignant l'invite à expliquer ses observations et à les comparer aux siennes. L'enseignant lui manifeste son approbation ou son désaccord, les raisons qui justifient sa position et l'aide à identifier des moyens de réussite la prochaine fois.
	• Afin de favoriser des échanges approfondis, cet entretien doit se dérouler dans un climat serein, sans culpabilité. C'est un moment privilégié qui valorise les capacités de l'élève, l'encourage à maintenir ses points forts, le stimule à améliorer ses points faibles, lui fournit ou lui fait découvrir des moyens efficaces pour progresser.

Avant la séance de coévaluation

- Selon l'ampleur de la production évaluée, prévoir quelques séances de coévaluation. Fixer ces séances à l'horaire d'enseignement régulier de la discipline concernée.

Note	• Une séance de coévaluation ne devrait pas dépasser le temps normalement alloué à une période d'enseignement. Dans une même séance, plusieurs élèves pourraient obtenir un entretien individuel.
	• Consacrer une durée maximale de 10 minutes avec chaque élève.

- Établir les modalités de distribution des élèves aux séances de coévaluation.

Note	• Lors de la première séance, s'entretenir avec les élèves à mesure qu'ils ont terminé l'évaluation de leur production. Pour les autres séances, les choisir au hasard.

- Déterminer avec les élèves les conditions à respecter pour faciliter le déroulement des séances de coévaluation : s'occuper à une tâche selon un choix donné, travailler seul et sans bruit, éviter la circulation inutile, etc.
- Lister un ensemble de tâches à réaliser seul, sans besoin d'intervention de l'enseignant : préparer son carnet de leçons, terminer un travail commencé, mettre au propre une production écrite, lire pour un travail de recherche, effectuer des exercices, etc.

Pendant la séance de coévaluation

- Mener l'entretien à voix basse dans un coin isolé de la classe, à l'aide de la grille d'évaluation de l'élève et de sa production.
- Demander à l'élève de commenter son appréciation sur sa grille d'évaluation et d'en expliquer les raisons.
- Lire ensuite la production de l'élève pour recueillir des observations sur les critères évalués.
- Noter, s'il y a lieu, sur la copie de l'élève les erreurs et les corrections nécessaires.
- Comparer les observations recueillies à celles fournies par l'élève.
- Manifester et expliquer les raisons de votre accord ou désaccord quant à son appréciation.

Note   Pour évaluer une production, l'enseignant doit tenir compte d'un ensemble de facteurs :
- la connaissance des objectifs terminaux et intermédiaires des programmes d'études de son niveau et des niveaux inférieurs;
- les exigences minimales rattachées à ces objectifs;
- le moment de l'année où un objectif fait l'objet d'une évaluation;
- les sources de référence mises à la disposition de l'élève;
- l'aide fournie à l'élève pendant l'activité d'évaluation.

- Consigner votre appréciation dans l'espace qui vous est réservé sur la grille d'évaluation.

Note   • Si l'enseignant est en accord avec le jugement de l'élève, il n'inscrit rien en haut dans l'espace réservé; par contre, s'il est en désaccord, il colorie l'espace réservé, en vert, en jaune ou en rouge, selon la légende.
- Il peut aussi utiliser un autre symbole.

- S'il y a lieu, faire découvrir par l'élève ou lui fournir un moyen d'améliorer sa prochaine production : une stratégie d'apprentissage efficace, un moyen mnémotechnique, un « savoir-faire » pour se corriger, etc. L'inviter à noter ce moyen.
- Faire pointer par l'élève le critère d'évaluation à surveiller d'une façon particulière lors de la prochaine activité d'évaluation.

À titre d'exemple, voici un extrait d'entretien avec un élève de 6ᵉ année, lors d'une séance de coévaluation portant sur une production écrite.

- Enseignant : « Tu as colorié en vert les critères 1 et 3. De ce fait, tu me signifies que toutes les idées suggérées dans le projet de communication écrite sont présentes dans ton texte et qu'elles sont en ordre. Qu'est-ce qui te permet cette appréciation? »
- Élève : « J'ai colorié en vert parce que je juge avoir été capable de vérifier toutes les idées de mon texte avec la liste de vérification du projet. Je n'ai rien oublié et ça se tient. »
- Enseignant : « Voyons ça! Je lis ton texte pour comparer ton jugement au mien... En effet, je suis d'accord avec ton appréciation. Je pense que tu as utilisé un moyen efficace pour réussir. Continue encore de te vérifier de cette façon.

  « Autre chose. Tu as aussi colorié en vert le critère 5 portant sur l'orthographe des mots. Cela signifie que tu as été capable d'écrire sans erreurs tous les mots de ton texte. Pourquoi as-tu jugé ainsi ce critère? »
- Élève : « J'ai colorié en vert parce que je me suis servi de mon dictionnaire et de mon cahier orthographique. »
- Enseignant : « Voyons encore! Je relis ton texte et vérifie ton orthographe. S'il y a des erreurs, je les soulignerai et les corrigerai. Sois attentif! ... Je me rends compte qu'il reste des erreurs. As-tu pensé au truc que je t'ai déjà donné : celui de réfléchir aux différentes façons d'écrire le début d'un mot? Peut-être aurais-tu été capable d'écrire correctement les mots <u>habitude</u> et <u>physique</u>!

  « Je ne suis pas d'accord avec ton appréciation. Pour te faire remarquer que tu devras porter attention à ce critère, je vais colorier la case en jaune. Pointe-le sur ta grille d'évaluation pour te rappeler cela la prochaine fois. Note ce moyen dans ton cahier d'écrivain. »

Note
- Au moment de la coévaluation, noter les types d'erreurs rencontrés souvent dans les productions des élèves. Plus tard, dans un enseignement correctif, revenir sur ces cas et en expliquer les stratégies d'apprentissage les plus efficaces.

Après la séance de coévaluation

- Au terme du temps fixé pour l'entretien, faire apporter un suivi à la production corrigée et évaluée : diffusion de la production, conservation dans le dossier d'apprentissage, etc.

Note	• Lors d'une prochaine activité d'évaluation, demander aux élèves de porter une attention particulière aux améliorations signalées en séance de coévaluation.

2.4 Conservation des résultats d'évaluation

Note	• Cette étape consiste à conserver dans le dossier d'apprentissage, pour présentation aux parents lors de la remise du bulletin scolaire, les productions marquées d'une évaluation au cours de la séquence.

- Rappeler aux élèves qu'ils doivent ranger dans le dossier d'apprentissage la production qui vient d'être évaluée.
- Vérifier l'accomplissement de cette tâche.

Note	• En communication écrite, il arrive souvent que la production ayant servi à l'évaluation soit acheminée à un interlocuteur. Dans ce cas, il faut en prévoir une copie, qui sera conservée dans le dossier d'apprentissage.

Note	• Faire conserver, en un endroit particulier, les productions qui demandent de l'espace de rangement (objet fabriqué, pancarte, production en arts plastiques, etc.). • Faire conserver également les productions marquées d'une évaluation par les enseignants-spécialistes. • Pour les premières fois, vérifier auprès de chaque élève comment il effectue cette tâche de rangement. S'il y a lieu, l'aider à classer ses documents.

3. Phase de communication des résultats

Présentation

La troisième phase du processus d'autoévaluation, la « phase de communication des résultats », est exercée vers la fin de la séquence.

C'est la phase où, à partir des observations recueillies, l'élève et l'enseignant portent un jugement sur les apprentissages d'ordre cognitif. Cette réflexion conduit à une communication des résultats par laquelle l'élève rend compte de ses apprentissages à ses parents lors de la remise du bulletin scolaire.

| Note | • La phase de communication des résultats devrait conduire à une rencontre parents-enfants en classe de façon à engager davantage l'élève et ses parents dans ce processus d'évaluation formative. (Le chapitre 4 explique, en détail, comment préparer et réaliser une telle rencontre.) |
| | • Quoique cette rencontre formelle ne soit pas obligatoire, il est important de prévoir un moment où l'élève communiquera à ses parents les résultats de ses apprentissages et verra si ces résultats répondent à leur attente. |

Contenu

La phase consiste d'abord à préparer, à l'aide du dossier d'apprentissage, les informations à communiquer aux parents.

Par après, cette communication est donnée dans le cadre de la remise du bulletin scolaire. L'élève communique alors à ses parents l'état de ses apprentissages d'ordre cognitif et voit s'il répond à leur attente.

Durée

Il est nécessaire de prévoir un temps d'environ une semaine pour cette phase de communication.

Démarche

Voici les instructions pour mener à bien la phase de communication des résultats, la troisième du processus d'autoévaluation. Elle comporte trois étapes. Cependant, le présent chapitre ne traite que la première. Les deux autres étapes sont traitées au chapitre 4.

1. Phase de planification

    1.1 Détermination des objectifs d'apprentissage poursuivis au cours de la séquence.

    1.2 Précision des critères d'évaluation des apprentissages.

    1.3 Prévision des situations d'apprentissage et d'évaluation.

    1.4 Préparation des outils de consignation des résultats d'évaluation.

2. Phase de réalisation

    2.1 Réalisation des activités d'évaluation.

    2.2 Autoévaluation de l'élève et consignation de ses observations.

    2.3 Coévaluation et consignation des observations de l'enseignant.

    2.4 Conservation des résultats d'évaluation.

3. Phase de communication des résultats

    3.1 Préparation de la communication aux parents.

    3.2 Organisation de la rencontre parents-enfants.

    3.3 Réalisation de la rencontre parents-enfants.

4. Phase de prise de décision

    4.1 Examen rétrospectif de la rencontre parents-enfants.

    4.2 Prise de conscience par l'élève de son cheminement et sélection d'objectifs personnels prioritaires.

    4.3 Sélection d'objectifs collectifs à être poursuivis par la classe.

    4.4 Vérification des outils de travail de l'élève.

3.1 Préparation de la communication aux parents

Note
- Cette étape comprend trois principales activités : les élèves revoient et mettent en ordre leur dossier d'apprentissage, préparent la présentation de celui-ci à leurs parents et organisent la période de confrontation.
- Il va sans dire que, au début de l'année, l'enseignant a déjà rencontré les parents pour les informer sur la manière dont sera transmis le bulletin scolaire. Il les a invités à échanger avec leur enfant sur son dossier d'apprentissage et à participer à la période de confrontation.
- Il est important de sensibiliser les parents à la nécessité de valoriser et d'encourager les apprentissages de leur enfant, et de lui signaler ses forces tout autant que ses faiblesses.
- Afin d'éviter que l'enfant se décourage devant l'ampleur ou la quantité d'objectifs à atteindre, il est également important de conseiller aux parents d'arrêter leur attente à la mesure de ses capacités.
- Mis au courant dès le début de l'année du moment de la remise du bulletin scolaire, les élèves savent aussi qu'ils auront à informer leurs parents sur l'état de leurs apprentissages. Ils auront à expliquer leur dossier et à connaître l'avis de leurs parents sur les apprentissages réalisés ou en voie de réalisation.
- Cette communication s'articule principalement autour du dossier renfermant les diverses productions ainsi que les résultats d'évaluation. Ce dossier fait connaître aux parents le cheminement intellectuel de leur enfant.

Révision et mise en ordre du dossier d'apprentissage

Note
- La première activité de préparation de la communication aux parents consiste à aider l'élève à mettre de l'ordre dans son dossier. Cette tâche de révision et de classement permet de retenir et d'organiser les informations à transmettre.

- Rappeler aux élèves qu'ils auront à expliquer clairement leur dossier à leurs parents. D'où l'importance de bien se préparer.

31

- En se servant des fiches de références aux activités d'évaluation, réviser avec les élèves l'ordre dans lequel les productions ont été évaluées, consignées dans les grilles d'évaluation et conservées dans le dossier.

- Faire commenter brièvement chacune des productions marquées d'une évaluation afin que les élèves puissent être en mesure de fournir les renseignements appropriés : courte description de l'activité, contexte dans lequel elle a été réalisée, objectifs, etc.

- S'il y a lieu, faire ajouter dans le dossier les productions évaluées par les enseignants-spécialistes.

- Au besoin, pour plus de clarté, faire ajouter dans le dossier les outils de travail quotidiens : manuels de base, cahiers d'activités, manuels de référence, etc.

Préparation de la communication du dossier d'apprentissage

Note	• La deuxième activité consiste à aider l'élève à préparer la communication de son dossier.
	• Cette communication se prépare à l'aide des grilles d'évaluation, des productions, de la fiche « aide-mémoire » (voir ci-après). Ceci permet à l'élève d'ordonner ses informations et de s'aider, au besoin, des outils de travail quotidiens.
	• En présentant son dossier, l'élève aura à expliquer ses résultats d'évaluation, à les justifier à l'aide de ses productions, à répondre aux questions de ses parents et à préciser les moyens qu'il entend prendre pour maintenir ses réussites et améliorer ses faiblesses.
	• La préparation de la présentation du dossier devient un véritable projet de communication en enseignement du français par lequel l'élève développe des habiletés langagières. L'élève est placé en situation de communication réelle et signifiante. Il doit choisir et organiser ses informations en tenant compte des besoins d'information de ses parents-interlocuteurs.

- Remettre aux élèves la fiche aide-mémoire qui servira à mettre les informations en ordre pour ainsi assurer la clarté de la communication aux parents.

Fiche aide-mémoire détaillée de mon dossier d'apprentissage				
	Cocher après préparation.			
Matières	Résultats	Preuves	Solutions	Autres références à mon dossier d'apprentissage
Français				
• communication orale	☐	☐	☐	_____
• lecture	☐	☐	☐	_____ _____
• communication écrite	☐	☐	☐	_____ _____
Mathématiques				
• géométrie/mesure	☐	☐	☐	_____
• nombres	☐	☐	☐	_____ _____
Sciences				
• sciences humaines	☐	☐	☐	_____
• sciences de la nature	☐	☐	☐	_____ _____
Arts				
• arts plastiques	☐	☐	☐	_____
• art dramatique	☐	☐	☐	_____ _____
Enseignement moral et (ou) religieux	☐	☐	☐	_____ _____
Anglais, langue seconde	☐	☐	☐	_____ _____
Musique	☐	☐	☐	_____ _____
Éducation physique	☐	☐	☐	_____ _____

– Proposer aux élèves de revoir leur dossier d'apprentissage et de tenter de répondre aux questions suivantes :

- Suis-je capable d'expliquer les résultats qui sont consignés sur ma grille d'évaluation? **résultats**
- Suis-je capable de prouver ces résultats à l'aide des productions marquées d'une évaluation dans mon dossier? **preuves**
- Suis-je capable de faire connaître à mes parents des solutions pour conserver mes points forts et améliorer mes points faibles? **solutions**

- À mesure que les élèves se sentent capables de répondre à ces trois questions, les inviter à en cocher les cases correspondantes sur leur fiche aide-mémoire.
- Au besoin, leur proposer de noter des références aux outils de travail quotidiens afin de donner certains renseignements précis.
- Fournir les explications aux élèves qui ont de la difficulté à préparer la présentation de leur dossier.

Note	• On peut aussi rapprocher deux élèves pour qu'ils s'aident mutuellement sur la façon d'expliquer leur dossier.

- Par ailleurs, proposer à quelques élèves de simuler une présentation devant la classe de leur dossier, en tout ou en partie.
- Jouer le rôle du parent et laisser l'élève expliquer son dossier. Poser des questions pour faire préciser certaines explications :

Exemples
- Pourquoi l'appréciation de ton enseignant est-elle différente de la tienne?
- Montre-moi où a été ta difficulté dans cette activité?
- As-tu pu corriger tes erreurs? Qu'as-tu fait alors?

Note	• Il est souvent avantageux de filmer la simulation sur bande magnétoscopique pour permettre à l'élève d'objectiver sa communication.

- Objectiver avec les élèves la communication entendue et fournir des pistes d'amélioration.

Note	• L'objectivation consiste à analyser le discours informatif produit par l'élève en fonction de son intention de communication, du choix et de l'organisation de ses informations, selon les besoins d'information de ses parents et de leur réaction.

Exemples de questions d'objectivation :
- L'élève a-t-il utilisé sa fiche aide-mémoire?
- Les renseignements donnés étaient-ils en ordre?
- Les renseignements transmis étaient-ils suffisants? appropriés?

- L'élève a-t-il expliqué et justifié ses résultats d'évaluation?
- L'élève a-t-il présenté les productions évaluées de son dossier?
- L'élève a-t-il précisé des solutions pour conserver ses points forts? pour améliorer ses points faibles?
- L'élève a-t-il pu répondre adéquatement aux questions?

- S'il y a lieu, faire noter aux élèves les modifications à apporter à leur communication afin qu'ils se les rappellent au moment de la présentation à leurs parents.

Organisation de la période de confrontation des apprentissages aux attentes des parents

Note
- Cette dernière période, la confrontation, est un court moment d'échange durant lequel l'élève compare l'évaluation de ses apprentissages et l'expectative de ses parents. Au cours de cet échange, il les invite à donner leur appréciation, à discuter des forces et des faiblesses de ses productions et à identifier pour la prochaine séquence les points forts à conserver et les points faibles à corriger.
- Au cours de cette période, il est nécessaire qu'un véritable dialogue s'établisse entre l'enfant et ses parents pour en arriver à un consensus sur les forces et les faiblesses. Au lendemain de la présentation du dossier, ces facteurs deviennent des objectifs dont l'élève devra rendre compte au terme de la séquence suivante.

- Après la présentation de leur dossier, inviter les élèves à demander l'appréciation de leurs parents.
- Leur proposer ensuite d'amorcer une discussion avec leurs parents à partir de résultats d'évaluation consignés sur les grilles.
- À la suite de cette discussion, les informer qu'ils devront s'entendre avec leurs parents pour que soient identifiés quelques points forts à conserver et quelques points faibles à améliorer durant la prochaine séquence.
- Demander aux élèves d'inviter leurs parents à pointer les points forts et les points faibles qui ont fait l'objet d'un accord. Faire entourer les critères correspondants sur les grilles d'évaluation.

3.2 Organisation de la rencontre parents-enfants

Note
- Pour des informations concernant cette étape de la phase de communication des résultats, voir le chapitre 4.

3.3 Réalisation de la rencontre parents-enfants

Note
- Pour des informations concernant cette étape de la phase de communication des résultats, voir le chapitre 4.

4. Phase de prise de décision

Présentation

La quatrième et dernière phase du processus d'autoévaluation est appelée la « phase de prise de décision ». Elle débute au lendemain de la communication des résultats aux parents et se termine juste au moment d'entreprendre une nouvelle séquence d'apprentissage.

C'est une phase d'analyse et de réflexion que l'élève fait sur son cheminement intellectuel à la lumière des appréciations de ses parents et de son enseignant. Cette analyse et cette réflexion lui permettent de prendre conscience de son profil d'apprenant et le conduisent à décider des priorités qui réajusteront la trajectoire de ses apprentissages ou en poursuivront la progression.

Contenu

Cette phase consiste d'abord à faire un examen rétrospectif de la communication des résultats aux parents.

Note	• S'il y a eu rencontre formelle parents-enfants en classe, le chapitre 4 explique comment mener à bien ce bilan.

Cette phase consiste donc à aider l'élève à prendre conscience de son cheminement d'apprenant et à se fixer des objectifs personnels à poursuivre au cours de la prochaine séquence.

La phase consiste aussi à faire « prioriser » par la classe certains objectifs d'apprentissage d'ordre cognitif qui seront poursuivis collectivement. Ces objectifs, quoique prévus au début de la séquence, n'ont pu être atteints de façon satisfaisante.

Enfin, cette phase consiste à vérifier les outils de travail que l'élève devrait avoir en sa possession avant d'entreprendre la séquence suivante.

Durée

Cette quatrième et dernière phase a lieu après la communication du dossier d'apprentissage aux parents et dure environ deux jours.

Démarche

Voici les instructions pour mener à bien la phase de prise de décision, la quatrième du processus d'autoévaluation.

1. **Phase de planification**
   1.1 Détermination des objectifs d'apprentissage poursuivis au cours de la séquence.
   1.2 Précision des critères d'évaluation des apprentissages.
   1.3 Prévision des situations d'apprentissage et d'évaluation.
   1.4 Préparation des outils de consignation des résultats d'évaluation.

2. **Phase de réalisation**
   2.1 Réalisation des activités d'évaluation.
   2.2 Autoévaluation de l'élève et consignation de ses observations.
   2.3 Coévaluation et consignation des observations de l'enseignant.
   2.4 Conservation des résultats d'évaluation.

3. **Phase de communication des résultats**
   3.1 Préparation de la communication aux parents.
   3.2 Organisation de la rencontre parents-enfants.
   3.3 Réalisation de la rencontre parents-enfants.

4. **Phase de prise de décision**
   4.1 Examen rétrospectif de la rencontre parents-enfants.
   4.2 Prise de conscience par l'élève de son cheminement et sélection d'objectifs personnels prioritaires.
   4.3 Sélection d'objectifs collectifs à être poursuivis par la classe.
   4.4 Vérification des outils de travail de l'élève.

Les activités de la phase de prise de décision sont présentées selon l'ordre de leur déroulement en classe et, s'il y a lieu, illustrées d'exemples en communication écrite.

4.1 Examen rétrospectif de la rencontre parents-enfants (communication des résultats aux parents)

Note	• La première étape consiste à faire un bilan de la communication des résultats aux parents.
	• S'il y a eu rencontre formelle parents-enfants en classe, cette première étape est traitée au chapitre 4.

4.2 Prise de conscience par l'élève de son cheminement intellectuel et sélection d'objectifs personnels prioritaires

Note	• La deuxième étape consiste à amener l'élève à prendre conscience de l'état de son cheminement intellectuel à ce moment-ci de l'année scolaire afin de lui faire « prioriser » des objectifs personnels pour la prochaine séquence.
	• La prise de conscience se fait en collaboration avec l'enseignant à partir des commentaires des parents.
	• Trois temps de réflexion conduisent l'élève à sélectionner les objectifs prioritaires. Dans un premier temps, il prend note des commentaires de ses parents; dans un second temps, il retient les objectifs proposés par son enseignant; dans un dernier temps, il ajoute à ces priorités, s'il le peut, d'autres objectifs découlant de sa propre réflexion.

Objectifs personnels issus de la rencontre avec les parents

- Faire relire par les élèves les critères d'évaluation déjà pointés par leurs parents au moment de la rencontre et qui ont fait l'objet de consensus.
- Rappeler aux élèves que ces critères d'évaluation deviennent des objectifs à « prioriser » pour la prochaine séquence.
- Faire transcrire ces objectifs sur la « fiche rappel de mes priorités » (voir ci-après) et cocher la provenance dans la colonne « parents ».

• La « fiche rappel de mes priorités » est un outil permettant à l'élève de revoir régulièrement l'ensemble des objectifs qu'il doit poursuivre au cours de la prochaine séquence et dont il devra rendre compte à son enseignant et à ses parents, au terme de celle-ci.

• Au cours de la séquence suivante, il est important de revoir cette fiche avec les élèves afin de leur rappeler les priorités qui ont fait l'objet de leur décision.

FICHE RAPPEL DE MES PRIORITÉS

MES OBJECTIFS

Je coche la provenance de mes objectifs.

Matières	Objectifs retenus	Parents	Élève	Enseignant
		☐	☐	☐
		☐	☐	☐
		☐	☐	☐
		☐	☐	☐

Objectifs personnels issus de l'entretien avec l'enseignant

- Rencontrer individuellement chaque élève pour une courte séance de coévaluation.

- Examiner avec lui ses grilles d'évaluation pour reconnaître ses forces et ses faiblesses à partir de ses résultats d'évaluation.

- Pointer les critères d'évaluation correspondant à ces forces et à ces faiblesses.

- Identifier avec l'élève un ou deux points forts à conserver et un ou deux points faibles à améliorer. Ces points forts et faibles deviennent alors des objectifs à « prioriser » pour la prochaine séquence.

- Au besoin, lui fournir des moyens pour qu'il améliore ses points faibles.

- Comparer ces priorités aux commentaires formulés par ses parents.

- Si ces objectifs sont différents de ceux des parents, les faire transcrire sur la « fiche rappel de mes priorités » en lui demandant de cocher la provenance dans la colonne « enseignant ». Si ces objectifs sont semblables, en faire cocher la provenance.

Objectifs personnels issus de la réflexion de l'élève

- Proposer à l'élève de revoir ses grilles d'évaluation en ayant en tête les priorités retenues en concertation avec ses parents et l'enseignant.

- L'inviter à identifier, s'il y a lieu, d'autres critères d'évaluation qu'il juge importants de conserver ou d'améliorer.
- Faire pointer ces critères et les faire comparer à ceux retenus prioritairement par ses parents et l'enseignant.
- Lui rappeler que ces critères d'évaluation deviennent des objectifs à « prioriser » pour la prochaine séquence.
- Si ces objectifs sont différents de ceux des parents et de l'enseignant, les faire transcrire sur la « fiche rappel de mes priorités » en lui demandant d'en cocher la provenance dans la colonne « élève ». Si ces objectifs sont semblables à ceux des parents ou de l'enseignant, en faire cocher la provenance.

Note	• S'assurer que l'élève ne « priorise » pas une trop grande quantité d'objectifs qu'il ne pourrait poursuivre dans une même séquence.

Exemples d'objectifs « priorisés » par un élève de 6ᵉ année en communication écrite pour une séquence donnée

FICHE RAPPEL DE MES PRIORITÉS
MES OBJECTIFS

Je coche la provenance de mes objectifs.

Matières	Objectifs retenus	Parents	Élève	Enseignant
Communication écrite	J'applique les règles de grammaire et de ponctuation.	☑	☐	☐
	J'orthographie mes mots en me servant du dictionnaire.	☐	☐	☑
	Je continue à écrire toutes mes idées pour que mon message soit clair.	☐	☑	☐
		☐	☐	☐

4.3 Sélection d'objectifs collectifs à être poursuivis par la classe

Note	• La troisième étape consiste à faire connaître aux élèves quelques objectifs d'ordre cognitif qui ont été fixés au début de la séquence et qui n'ont pas été atteints de façon satisfaisante par l'ensemble des élèves.
	• Ces objectifs sont sélectionnés par l'enseignant à partir des observations recueillies à travers les productions marquées d'une évaluation.

- Présenter aux élèves quelques objectifs qui ne sont pas atteints de façon satisfaisante à la fin de cette séquence et que vous voulez voir améliorer par tous les élèves.

Exemples en communication écrite

- • Réviser son texte à l'aide d'outils de référence : dictionnaires, grammaire, tableaux de conjugaisons;
- • Mettre les marques du pluriel aux noms et aux adjectifs.

- Préciser aux élèves les observations recueillies qui ont conduit à retenir prioritairement ces objectifs.

- Faire ensuite transcrire les objectifs de la classe sur la « fiche rappel de mes priorités ».

FICHE RAPPEL DE MES PRIORITÉS

Objectifs de la classe

Matières	**Objectifs retenus**
_____	_____
_____	_____
_____	_____
_____	_____

Note
- • Au cours de la séquence, il est important d'inviter les élèves à s'interroger régulièrement sur le suivi des priorités de la fiche rappel.

Exemples

- – Est-ce que je porte attention aux commentaires de mes parents? de mon enseignant?
- – Est-ce que je possède encore les points forts que j'avais identifiés?
- – Est-ce que je tente toujours d'améliorer mes points faibles?

4.4 Vérification des outils de travail de l'élève

- Avant d'entreprendre la séquence suivante, proposer aux élèves de vérifier l'état actuel de leurs outils de travail.
- À l'aide d'une liste de vérification (voir ci-après), faire noter la nature et la quantité d'articles dont ils auront besoin.
- Inviter les élèves à faire les déplacements nécessaires pour se les procurer avant le début de la prochaine séquence.

Liste de mes articles scolaires

Quantité nécessaire		Cocher au besoin
_____	crayons à la mine de plomb	☐
_____	gommes à effacer	☐
_____	carnet de leçons	☐
_____	règle	☐
_____	cahiers	☐
_____	ensemble de crayons à colorier	☐
_____	colle	☐
_____	ciseaux	☐
_____	feuilles mobiles	☐
_____	cartable	☐
_____	perforateur	☐
_____	ensemble de géométrie	☐
_____	_____	☐
_____	_____	☐
_____	_____	☐

Comment faire participer l'élève à l'évaluation de ses apprentissages d'ordre socio-affectif

◆

Ce chapitre présente le processus d'autoévaluation appliqué à des apprentissages d'ordre socio-affectif et illustré par des exemples d'attitudes et de comportements de vie en milieu scolaire.

1. Phase de planification

Présentation

La première phase du processus d'autoévaluation, la « phase de planification », s'effectue au début de la séquence d'apprentissage déterminée par le calendrier scolaire. C'est une phase de planification des objectifs d'apprentissage d'ordre socio-affectif qui seront poursuivis au cours de cette période. C'est aussi une phase de planification des activités d'apprentissage qui seront mises en place pour atteindre ces objectifs et des activités d'évaluation qui permettront de les évaluer. Bref, c'est une phase de planification qui oriente les objets d'études.

Contenu

La phase de planification consiste d'abord à déterminer les objectifs d'apprentissage d'ordre socio-affectif qui seront poursuivis. Ces objectifs concernent les attitudes des élèves face à l'apprentissage de la vie de groupe en milieu scolaire. Ils émanent des programmes d'études mais aussi des situations de vie observées en milieu scolaire. Ils découlent de comportements d'élèves observés en récréation, en classe, dans le travail individuel et d'équipe, dans des situations de conflit, etc. que l'enseignant et les élèves voudraient voir améliorer.

La phase de planification consiste ensuite à sélectionner les critères d'évaluation et leurs indicateurs d'observation qui permettront de vérifier la réalisation des objectifs préalablement déterminés. Une fois sélectionnés, ces critères et ces indicateurs sont présentés et expliqués aux élèves afin qu'ils les connaissent, se les approprient et les démontrent en situation d'évaluation.

Enfin, la phase de planification consiste à préparer des outils de consignation des résultats provenant de l'évaluation des apprentissages. Ces résultats seront consignés dans un dossier d'apprentissage (ensemble de fiches de comportement) qui servira à renseigner les parents au moment de la remise du bulletin scolaire.

Durée

La phase de planification se déroule sur deux ou trois périodes conjointement avec les élèves. Certaines tâches sont réalisées par l'enseignant, par exemple, celles qui consistent à choisir les objectifs d'ordre socio-affectif des programmes d'études et à prévoir les situations d'apprentissage et d'évaluation. D'autres tâches de planification sont réalisées avec les élèves : la sélection des objectifs issus des situations de vie scolaire, la détermination des critères d'évaluation et de leurs indicateurs d'observation, et la préparation du dossier d'apprentissage.

Au début d'une année scolaire, il va sans dire que l'enseignant est le principal responsable de cette phase, particulièrement si les élèves n'ont jamais vécu de telles expériences. Par contre, après une première séquence d'apprentissage, les élèves participent davantage, car une plus grande place est accordée à la planification d'objectifs personnels. Ainsi, après la première séquence les élèves sont davantage habilités à se fixer des objectifs personnels et à prévoir des moyens pour les atteindre.

Démarche

Voici les instructions pour mener à bien la phase de planification, la première du processus d'autoévaluation. Elle compte quatre étapes.

1. Phase de planification

1.1 Détermination des objectifs d'apprentissage poursuivis au cours de la séquence.

1.2 Précision des critères d'évaluation des apprentissages.

1.3 Prévision des situations d'apprentissage et d'évaluation.

1.4 Préparation des outils de consignation des résultats d'évaluation.

2. Phase de réalisation

2.1 Réalisation des activités d'évaluation.

2.2 Autoévaluation de l'élève et consignation de ses observations.

2.3 Coévaluation et consignation des observations de l'enseignant.

2.4 Conservation des résultats d'évaluation.

3. Phase de communication des résultats

3.1 Préparation de la communication aux parents.

3.2 Organisation de la rencontre parents-enfants.

3.3 Réalisation de la rencontre parents-enfants.

4. Phase de prise de décision

4.1 Examen rétrospectif de la rencontre parents-enfants.

4.2 Prise de conscience par l'élève de son cheminement et sélection d'objectifs personnels prioritaires.

4.3 Sélection d'objectifs collectifs à être poursuivis par la classe.

Les activités de la phase de planification sont présentées selon l'ordre de leur déroulement en classe et illustrées d'exemples d'attitudes et de comportements de vie en milieu scolaire.

1.1 Détermination des objectifs d'apprentissage d'ordre socio-affectif poursuivis au cours de la séquence

Note
- C'est la première étape de la phase de planification. Elle consiste à choisir les objectifs d'apprentissage d'ordre socio-affectif qui seront poursuivis par les élèves au cours de la séquence.
- Ces objectifs proviennent des programmes d'études et aussi des comportements de vie en milieu scolaire : respect des autres en classe, en récréation, en travail d'équipe, dans les situations conflictuelles, etc. Ces objectifs concernent le domaine des attitudes.
- Les tâches reliées à la détermination des objectifs sont réalisées par l'enseignant en collaboration avec les élèves. Ceux-ci s'y engagent graduellement : d'abord, au début de l'année scolaire, on planifie avec eux les objectifs d'ordre socio-affectif à poursuivre, puis, en cours d'année, on les amène à se fixer eux-mêmes des objectifs d'apprentissage et à trouver des moyens de les atteindre.

- Au début de la séquence d'apprentissage, observer comment les élèves se comportent dans diverses situations de vie en milieu scolaire : dans le travail individuel et d'équipe, dans l'organisation du temps libre, dans des situations de règlement de conflits, dans les déplacements dans l'école, à la cour de récréation, etc.
- Observer aussi quel genre d'attitudes les élèves révèlent face à la lecture, à la résolution de problèmes, à la démarche expérimentale en sciences, etc.

Note
- Les objectifs du domaine des attitudes provenant des programmes d'études sont précisés dans les documents officiels du MEQ.

- Noter ces observations des comportements des élèves.
- Faire part aux élèves des observations. Leur proposer de réfléchir à ces situations jugées problématiques.
- Choisir avec eux quelques situations à améliorer en classe pour la durée de la séquence d'apprentissage.
- Discuter avec eux des solutions possibles d'amélioration des situations insatisfaisantes.

- Les amener à formuler quelques objectifs d'ordre socio-affectif.
- Par la suite, à partir de chaque objectif formulé, faire énoncer quelques manifestations attendues.
- Poser l'une ou l'autre des questions suivantes :
  - À quoi va-t-on reconnaître que l'objectif est atteint?
  - Quelles sont les manifestations observables qui vont démontrer que cet objectif est atteint?

À titre d'exemple, voici un ensemble d'objectifs d'apprentissage d'ordre socio-affectif déterminés pour une séquence donnée en 6ᵉ année.

Objectifs d'apprentissage d'ordre socio-affectif — 6ᵉ année	
Attitudes et comportements	**Manifestations observables**
Bien travailler seul	• Respecter les consignes du travail demandé • Travailler sans déranger les autres dans la classe • Travailler sans faire de bruit • Terminer son travail à temps
Travailler efficacement en équipe	• Identifier les tâches à réaliser • Se répartir les tâches entre les membres de l'équipe • Prévoir le matériel dont on a besoin
Être respectueux des autres dans l'école	• Parler à voix basse dans les corridors • Marcher sans courir en se déplaçant • Éviter de se tirailler dans les escaliers
Développer une attitude positive face à la lecture	• Lire dans les moments libres en classe • Parler de ses lectures aux amis de la classe • Choisir des livres intéressants à la bibliothèque

Note • Il va sans dire que tous les objectifs reliés au domaine des attitudes ne sont pas poursuivis en même temps. Déterminés au début de la séquence d'apprentissage, ils sont sélectionnés en fonction des situations prioritaires que l'enseignant et les élèves veulent voir améliorer. Ils sont poursuivis pour une période de temps donnée.

- Faire lister par les élèves tous les objectifs d'ordre socio-affectif qui ont été déterminés pour la durée de la séquence, de façon à les retrouver rapidement au besoin.

Mon comportement... c'est mon affaire !

J'écris tous les objectifs de comportement discutés en groupe.

séquence _____

_____
_____
_____
_____
_____
_____

- Après s'être entendu sur la situation problématique prioritaire à améliorer, retenir un objectif pour une période de temps donné, une semaine, par exemple.

Note	• Compte tenu de l'ampleur de l'objectif, il peut arriver qu'un même objectif soit retenu pour plus d'une période de temps.

Mon comportement... c'est mon affaire !

Semaine du _____ au _____

Mon objectif _____
_____

Manifestations _____
_____
_____
_____

Avantages _____
_____
_____

Inconvénients _____
_____
_____

Un moyen de me rappeler l'objectif _____
_____
_____

Évaluation

☐   ☐   ☐   ☐   ☐

Lundi   Mardi   Mercredi   Jeudi   Vendredi

- Formuler avec les élèves quelques manifestations observables pour atteindre l'objectif retenu.

- Faire écrire l'objectif et les manifestations sur une fiche de comportement semblable à celle de la page précédente.

- Mener une discussion pour amener les élèves à s'interroger sur les avantages à atteindre l'objectif retenu et sur les inconvénients à ne pas l'atteindre.

- À la fin de cette discussion, faire compléter la partie correspondante de la fiche de comportement.

- Lister ensuite avec les élèves quelques moyens susceptibles de les aider à ne pas oublier l'objectif retenu. *Exemples* : écrire une note personnelle et la placer à vue pour se le rappeler, dessiner ou symboliser l'objectif à atteindre et l'afficher en classe.

- Faire choisir collectivement ou individuellement le moyen jugé le plus approprié de ne pas oublier l'objectif à atteindre. Le faire écrire sur la fiche de comportement.

Exemple de fiche de comportement d'un élève de 6e année

Mon objectif _Bien travailler seul._

Manifestations _Je fournis le travail demandé._
Je travaille sans faire de bruit.
Je travaille sans déranger les autres.
Je respecte les consignes du travail.

Avantages _Je suis fier de moi._
J'apprends à travailler.
Ça va aider les autres.

Inconvénients _J'ai du retard._
Je ne comprends pas.
Je suis le premier perdant.

Un moyen de me rappeler l'objectif _Carton (écrire le mot effort)_

- Pour une prochaine période de temps, ajouter un autre objectif d'ordre socio-affectif parmi ceux déterminés pour la séquence d'apprentissage. Procéder de la même façon pour aider les élèves à remplir leur fiche de comportement.

Note
- Il peut arriver qu'un objectif n'ait pas été atteint par la majorité des élèves dans la période prévue. Dans ce cas, discuter avec les élèves des causes qui ont empêché de l'atteindre et, au besoin, reformuler l'objectif de manière à ce qu'il soit plus facile à atteindre. Faire poursuivre cet objectif pour une autre période de temps, par exemple, une autre semaine.

- Il peut aussi arriver que quelques élèves seulement n'aient pas atteint l'objectif. Dans ce cas, discuter avec eux et leur proposer de poursuivre le même objectif pour une autre période.

- Ce modèle de fiche de comportement est proposé pour la durée de la première séquence d'apprentissage, car il fait mieux connaître aux élèves l'importance de leurs responsabilités en prenant en charge leurs comportements personnels.

  Par ailleurs, d'autres modèles sont proposés aux pages suivantes.

Mon comportement... c'est mon affaire !

Semaine du _____ au _____ ❶

Mon objectif _____ ❷
_____

Manifestations _____ ❸
_____
_____
_____
_____

Avantages _____ ❹
_____
_____
_____

Inconvénients _____ ❺
_____
_____
_____

Un moyen de me rappeler l'objectif ___ ❻
_____
_____
_____

Évaluation

Lundi	Mardi	Mercredi	Jeudi	Vendredi ❼

Notes explicatives à l'élève

❶ J'inscris la date afin d'avoir des informations précises à transmettre.

❷ Je note précisément l'objectif choisi après les discussions en classe.

❸ J'écris les manifestations observables qui décrivent l'atteinte de l'objectif.

❹ J'écris les avantages à atteindre cet objectif choisi.

❺ J'écris les inconvénients en n'atteignant pas l'objectif choisi.

❻ J'écris un moyen concret de me rappeler mon objectif (un carton sur mon bureau, une pancarte dans la classe, etc.)

J'invente, je fabrique et j'expose mon moyen.

❼ Après avoir relu ma fiche de comportement, j'inscris mon évaluation.

Mon comportement...
c'est mon affaire !

Semaine du ____ au _____ ❶

Mon objectif au travail

_____ ❷

Manifestation _____ ❸

_____

Un avantage _____ ❹

_____

Un inconvénient _____ ❺

_____

◻	◻	◻	◻	◻
Lundi	Mardi	Mercredi	Jeudi	Vendredi

Mon objectif en groupe

_____ ❻

Manifestation _____

_____

Un avantage _____

_____

Un inconvénient _____

_____

◻	◻	◻	◻	◻
Lundi	Mardi	Mercredi	Jeudi	Vendredi

Mon objectif dans un conflit

_____ ❼

Manifestation _____

_____

Un avantage _____

_____

Un inconvénient _____

_____

◻	◻	◻	◻	◻
Lundi	Mardi	Mercredi	Jeudi	Vendredi

Mon objectif pour développer des valeurs importantes

_____ ❽

Manifestation _____

_____

Un avantage _____

_____

Un inconvénient _____

_____

◻	◻	◻	◻	◻
Lundi	Mardi	Mercredi	Jeudi	Vendredi

Notes explicatives à l'élève

❶ J'inscris la date afin d'avoir des informations précises à transmettre.

❷ J'écris l'objectif choisi par la classe concernant mon travail à l'école et à la maison (travail à remettre à temps, présentation soignée, etc.).

❸ Je note une manifestation observable qui décrit l'atteinte de l'objectif.

❹ J'écris un avantage à atteindre cet objectif.

❺ J'écris un inconvénient en n'atteignant pas cet objectif.

❻ J'écris l'objectif choisi par la classe concernant mon fonctionnement dans le groupe et à l'école (participation au travail d'équipe, respect des aires de jeu dans la cour, etc.).

❼ J'écris un objectif concernant mon conflit avec d'autres personnes (identification du conflit, solutions à trouver, etc.).

❽ J'écris l'objectif choisi par la classe concernant des valeurs jugées importantes pour moi (goût de la lecture, protection de l'environnement, protection du patrimoine, etc.).

Mon comportement...
c'est mon affaire !

Semaine du _____ au _____ ❶

... au travail
1. _____ ❷
   _____
2. _____
   _____

1/2	1/2	1/2	1/2	1/2
Lundi	Mardi	Mercredi	Jeudi	Vendredi

... en groupe
1. _____ ❸
   _____
2. _____
   _____

1/2	1/2	1/2	1/2	1/2
Lundi	Mardi	Mercredi	Jeudi	Vendredi

... dans un conflit
1. _____ ❹
   _____
2. _____
   _____

1/2	1/2	1/2	1/2	1/2
Lundi	Mardi	Mercredi	Jeudi	Vendredi

... pour développer des valeurs importantes
1. _____ ❺
   _____
2. _____
   _____

1/2	1/2	1/2	1/2	1/2
Lundi	Mardi	Mercredi	Jeudi	Vendredi

Notes explicatives à l'élève

❶ J'inscris la date afin d'avoir des informations précises à transmettre.

❷ J'écris un ou deux objectifs précis concernant mon travail en classe et à la maison (travail à remettre à temps, présentation soignée, etc.).

❸ J'écris un ou deux objectifs précis concernant mon fonctionnement dans le groupe en classe et à l'école (participation au travail d'équipe, respect des aires de jeu dans la cour, etc.).

❹ J'écris un ou deux objectifs précis qui m'aident à résoudre mon conflit avec d'autres personnes (identification du conflit, solutions à trouver, etc.).

❺ J'écris un ou deux objectifs précis concernant des valeurs jugées importantes pour moi (goût de la lecture, protection de l'environnement, protection du patrimoine, etc.).

1.2 Précision des critères d'évaluation des apprentissages d'ordre socio-affectif

Note
- Cette étape fait suite à la détermination des objectifs d'apprentissage. Elle consiste à sélectionner, en fonction des objectifs retenus, les critères d'évaluation de même que leurs indicateurs d'observation et à les faire connaître aux élèves dès le début de la séquence.

- Revoir avec les élèves les objectifs d'ordre socio-affectif retenus pour la séquence ainsi que leurs manifestations observables.

Note
- Pour chaque objectif fixé, il est important de retrouver quelques manifestations permettant de préciser l'objectif à atteindre.

  Ces manifestations deviennent alors des indicateurs d'observation pour l'élève et l'enseignant, permettant de juger de l'atteinte de l'objectif.

- Préciser aux élèves que les manifestations sont les critères d'évaluation à partir desquels ils seront observés puis évalués.
- Expliquer aux élèves que, dans un premier temps, ils auront à évaluer eux-mêmes leur comportement en donnant régulièrement une appréciation après avoir analysé l'écart entre les manifestations personnelles de l'objectif et celles qu'on attend d'eux. Dans un autre temps, ils auront à rendre compte à leur enseignant et à leurs parents de leur appréciation.

1.3 Prévision des situations d'apprentissage et d'évaluation

Note
- Cette troisième étape consiste à prévoir les situations d'apprentissage et d'évaluation qui, respectivement, permettront de poursuivre et d'évaluer les objectifs déterminés au début de la séquence.
- Ce travail de prévision est fait par l'enseignant en tenant compte du temps consacré au développement des attitudes et des comportements en milieu scolaire.

1.4 Préparation des outils de consignation des résultats de l'évaluation des objectifs d'ordre socio-affectif

Note
- Cette dernière étape de planification consiste à préparer les outils de consignation nécessaires (fiches de comportement) qui serviront aux élèves à consigner et à conserver les résultats des activités d'évaluation.
- Ces outils permettent de préparer, tout au long de la séquence, un dossier d'apprentissage que l'élève communiquera à ses parents lors de la remise du bulletin scolaire.
- Le dossier d'apprentissage est donc constitué de l'ensemble des fiches de comportement qui ont servi à l'évaluation des objectifs d'ordre socio-affectif.

- Annoncer aux élèves qu'au terme de la séquence, ils auront la responsabilité d'expliquer leur dossier d'apprentissage à leurs parents. Ils devront donc consigner et conserver leurs résultats.
- Leur expliquer comment évaluer leurs apprentissages et comment noter leurs résultats sur les fiches de comportement.

Note
- Les couleurs retenues pour consigner les résultats (observations) font référence aux feux de circulation routière :
  - la couleur **verte** indique que l'objectif a été atteint et que l'élève a réalisé sans aide la tâche demandée;
  - la couleur **jaune** indique que l'objectif a été atteint partiellement et que l'élève a eu besoin d'un peu d'aide;
  - la couleur **rouge** indique que l'objectif n'a pas été atteint et que l'élève a eu besoin de beaucoup d'aide.
- L'espace pour consigner les résultats est divisé en deux parties : la partie du bas à l'élève pour noter son appréciation au moment de l'autoévaluation, celle du haut à l'enseignant pour noter son appréciation au moment de la coévaluation.

- Leur présenter les notes explicatives suivantes en les appliquant à des exemples tirés de la fiche de comportement.

Comment évaluer mes apprentissages

 circulation facile (couleur verte)

circulation à risques (couleur jaune)

 arrêt obligatoire de circulation (couleur rouge)

Couleur verte

circulation facile

- La couleur verte veut dire que je chemine aisément, sans problèmes.

- J'ai réussi avec facilité et suis allé au-delà de la tâche demandée.
- Je n'ai pas fait d'erreurs.
- J'ai été capable d'utiliser tous les moyens à ma disposition.
- La prochaine fois, je devrai continuer à utiliser tous les moyens disponibles.

Couleur jaune

circulation à risques

- La couleur jaune veut dire que je chemine dangereusement.
- Si je continue ainsi, je risque d'avoir plus de difficulté.

- J'ai tout juste réussi à réaliser la tâche demandée.
- J'ai fait quelques erreurs.
- J'ai été capable d'utiliser seulement quelques moyens à ma disposition.
- La prochaine fois, je devrai porter attention pour utiliser tous les moyens disponibles.

Couleur rouge

arrêt obligatoire de circulation

- La couleur rouge veut dire que je chemine difficilement et avec beaucoup de problèmes.
- Je dois m'arrêter obligatoirement pour résoudre mes problèmes.

- Je n'ai pas réussi à réaliser la tâche demandée, même avec de l'aide.
- J'ai fait beaucoup d'erreurs.
- Je n'ai pas été capable d'utiliser les moyens à ma disposition.
- La prochaine fois, je devrai avoir obtenu des explications pour utiliser les moyens disponibles.

Comment consigner mon évaluation

1. D'abord, dans la partie du bas, je colorie en vert, en jaune ou en rouge selon mon évaluation.
2. Ensuite, dans la partie du haut, mon professeur inscrit son évaluation, selon qu'il est d'accord ou non avec moi.

- Préciser aux élèves l'importance de remplir consciencieusement ces outils de consignation, car ils constituent une source de renseignements indispensables sans lesquels on ne peut informer adéquatement les parents au moment de la communication du bulletin scolaire.
- Déterminer avec les élèves un moyen de conserver toutes les fiches de comportement remplies au cours de la séquence : cahier, fichier, cartable, duo-tang, etc.

Note
- Il est nécessaire de rappeler régulièrement à l'élève l'importance de classer ses fiches de comportement s'il veut informer adéquatement ses parents sur ses apprentissages.
- Il est essentiel d'aider l'élève à conserver ses résultats d'évaluation, de lui rappeler cette tâche, de lui donner du temps et de vérifier si elle est exécutée correctement.

2. Phase de réalisation

Présentation

La deuxième phase du processus d'autoévaluation, la « phase de réalisation », succède à la phase de planification. Se placent ici, les activités d'évaluation en vue de recueillir des observations sur le déroulement des apprentissages d'ordre socio-affectif. Cette phase est la plus longue du processus.

Contenu

La phase de réalisation consiste à organiser et à réaliser les activités d'évaluation prévues lors de la planification, en vue de recueillir des observations sur les apprentissages.

Cette phase engage l'élève dans l'évaluation de ses apprentissages. Par des outils d'autoévaluation et par des rencontres de coévaluation avec l'enseignant, l'élève est amené à évaluer régulièrement ses apprentissages afin d'identifier les forces à conserver et les faiblesses à améliorer. Cette participation l'aide à devenir responsable de ses apprentissages et à progresser dans la poursuite des objectifs.

Enfin, cette phase consiste à consigner les observations recueillies et à conserver les résultats d'évaluation, dossier qui sera présenté à ses parents lors de la remise du bulletin scolaire au terme de la séquence.

Durée

Cette phase se poursuit au cours de la séquence qui dure environ cinq à six semaines, comme le prévoit le calendrier scolaire.

Démarche

Voici les instructions pour mener à bien la phase de réalisation, la deuxième du processus d'autoévaluation. Elle compte quatre étapes.

1. Phase de planification

1.1 Détermination des objectifs d'apprentissage poursuivis au cours de la séquence.

1.2 Précision des critères d'évaluation des apprentissages.

1.3 Prévision des situations d'apprentissage et d'évaluation.

1.4 Préparation des outils de consignation des résultats d'évaluation.

2. Phase de réalisation

2.1 Réalisation des activités d'évaluation.

2.2 Autoévaluation de l'élève et consignation de ses observations.

2.3 Coévaluation et consignation des observations de l'enseignant.

2.4 Conservation des résultats d'évaluation.

3. Phase de communication des résultats

3.1 Préparation de la communication aux parents.

3.2 Organisation de la rencontre parents-enfants.

3.3 Réalisation de la rencontre parents-enfants.

4. Phase de prise de décision

4.1 Examen rétrospectif de la rencontre parents-enfants.

4.2 Prise de conscience par l'élève de son cheminement et sélection d'objectifs personnels prioritaires.

4.3 Sélection d'objectifs collectifs à être poursuivis par la classe.

Les activités de cette phase sont présentées selon l'ordre de leur déroulement en classe et illustrées d'exemples d'attitudes et de comportements de vie en milieu scolaire.

2.1 Réalisation des activités d'évaluation visant à recueillir des observations sur les apprentissages d'ordre socio-affectif

Note	• Cette étape consiste à organiser et à réaliser les activités d'évaluation qui ont été planifiées au début de la séquence.
	• Ces activités aident l'enseignant et les élèves à observer le déroulement des apprentissages d'ordre socio-affectif prévus.

Note	• Les activités d'évaluation permettent aux élèves une réflexion et une évaluation sur leurs attitudes et comportements en regard des objectifs fixés pour une période de temps.
	• Puisqu'il est reconnu que les apprentissages reliés au domaine des attitudes sont beaucoup plus longs à réaliser, il est important que les activités d'évaluation de ces apprentissages se fassent souvent et de façon régulière pour renforcer les comportements souhaités.
	• Si l'on veut constater des changements appréciables chez les élèves, il est nécessaire de leur proposer d'évaluer régulièrement leurs apprentissages d'ordre socio-affectif.

- Pour faciliter l'observation des apprentissages, répartir le nombre d'élèves de la classe sur la période de temps prévue. Ainsi, au cours d'une période (une semaine, par exemple), tous les élèves auront été observés sur l'atteinte de l'objectif fixé.

- Fixer avec les élèves un moment à l'horaire où se déroulera régulièrement l'activité d'évaluation. Par exemple, on pourrait réserver 10 minutes vers la fin de chaque journée.

- Au moment de l'activité d'évaluation, faire lire la fiche de comportement. Revoir les manifestations décrivant l'atteinte de l'objectif et qui servent de critères d'évaluation.

- Demander aux élèves de réfléchir à l'atteinte de l'objectif en comparant l'écart qui existe entre leurs « manifestations personnelles » et les manifestations attendues.

- Les inviter ensuite à porter un jugement personnel et à le consigner sur leur fiche de comportement dans l'espace approprié.

2.2 Autoévaluation de l'élève et consignation de ses observations

Note	
	• Cette étape consiste à amener l'élève à prendre conscience de la manière avec laquelle il apprend, à identifier ses forces et ses faiblesses, à rechercher et à utiliser les moyens qui lui permettront de progresser dans ses apprentissages.
	• À l'aide d'outils d'autoévaluation, on propose à l'élève de consigner systématiquement ses observations. Cette consignation régulière, avec l'aide de l'enseignant, permet à l'élève de porter un jugement sur ses apprentissages et d'expliquer son cheminement à ses parents lors de la remise du bulletin scolaire.
	• L'autoévaluation, répétée régulièrement, devient un moyen efficace : l'élève prend conscience de son « image » d'apprenant. Ce regard introspectif l'amène à former son jugement, à prendre confiance en ses capacités, à identifier ses forces et ses faiblesses et à utiliser les moyens pour atteindre les objectifs.

Note supplémentaire sur l'autoévaluation des apprentissages de l'élève

Pour évaluer ses apprentissages, l'élève doit se questionner.
A-t-il atteint et de quelle manière l'objectif proposé?

Appréciation	Notes explicatives
Cheminement aisé, sans problèmes (couleur verte)	• L'élève réussit facilement à atteindre l'objectif. • L'élève commet peu ou pas d'erreurs. • L'élève utilise efficacement les moyens d'apprentissage. • L'élève n'a pas besoin d'aide.
Cheminement peu aisé, quelques problèmes (couleur jaune)	• L'élève réussit tout juste à atteindre l'objectif (seuil acceptable). • L'élève commet quelques erreurs. • L'élève utilise plus ou moins efficacement les moyens d'apprentissage. • L'élève aurait besoin d'un peu d'aide.
Cheminement difficile, beaucoup de problèmes (couleur rouge)	• L'élève ne réussit pas à atteindre l'objectif. • L'élève commet beaucoup d'erreurs. • L'élève n'utilise pas efficacement les moyens d'apprentissage. • L'élève a besoin de beaucoup d'aide.

- Rappeler aux élèves la signification des couleurs utilisées pour symboliser l'appréciation sur leurs apprentissages.
- Lire avec eux l'objectif évalué et commenter les comportements; illustrer par des exemples, s'il y a lieu.
- Laisser ensuite aux élèves un temps de réflexion pour juger de leur performance et un autre pour consigner leur appréciation dans l'espace réservé à cette fin.
- Répondre aux questions de certains élèves qui auraient besoin d'aide.

2.3 Coévaluation et consignation des observations de l'enseignant

Avant la séance de coévaluation

- Consacrer une durée maximale de deux minutes avec chaque élève.
- Rencontrer non seulement les élèves à comportements insatisfaisants, mais aussi ceux à comportements satisfaisants afin de les valoriser.
- Déterminer avec les élèves les conditions à respecter pour faciliter le déroulement des séances de coévaluation : s'occuper à une tâche selon un choix donné, travailler seul et sans bruit, éviter les déplacements inutiles, etc.
- Lister un ensemble de tâches à réaliser seul, sans besoin d'intervention de l'enseignant : préparer son carnet de leçons, terminer un travail commencé, mettre au propre une production écrite, lire pour un travail de recherche, effectuer des exercices, etc.

Pendant la séance de coévaluation

- Mener l'entretien à voix basse au pupitre de l'élève, à l'aide de sa fiche de comportement.
- Demander à l'élève de commenter son appréciation sur sa fiche de comportement et d'en expliquer les raisons.
- Comparer les observations recueillies à celles fournies par l'élève.
- Manifester et expliquer les raisons de votre accord ou désaccord quant à son appréciation.
- Consigner votre appréciation dans l'espace qui vous est réservé sur la fiche de comportement.

- S'il y a lieu, faire découvrir par l'élève ou lui fournir un moyen efficace d'améliorer son attitude ou son comportement. L'inviter à noter ce moyen.

-   Demander ensuite à l'élève de porter une attention particulière à cet objectif d'apprentissage jusqu'à la prochaine activité d'évaluation.

À titre d'exemple, voici un extrait d'entretien avec un élève de 6e année, lors d'une séance de coévaluation portant sur son comportement de vie en classe.

-   Enseignant : « À chaque jour, tu as colorié en vert l'objectif : bien travailler seul. Tu me dis ainsi que tu as atteint l'objectif fixé pour la semaine. Qu'est-ce qui te permet de te donner cette appréciation? »
-   Élève : « J'ai colorié en vert parce que je juge avoir été capable de fournir le travail demandé, de travailler sans bruit et sans déranger les autres et de respecter les consignes de travail. »
-   Enseignant : « Voyons ça! Je me rappelle t'avoir dit parfois de travailler en silence. Est-ce que tu t'en souviens? »
-   Élève : « Ouais! c'est juste! Je me souviens, j'avais oublié la consigne... »
-   Enseignant : « Je ne suis pas d'accord avec ton appréciation. J'ai dû te rappeler trop souvent à l'ordre. Tu n'as donc pas réussi seul à atteindre l'objectif puisque je t'ai fourni de l'aide. Je vais plutôt colorier en jaune pour te faire remarquer que tu devras améliorer l'objectif. Pointe sur ta fiche ce point faible. Note aussi sur un bout de papier les mots « silence au travail » pour te le rappeler. »

Après la séance de coévaluation

-   Au terme du temps fixé pour l'entretien avec l'élève, l'inciter à maintenir les points forts et à améliorer les points faibles signalés en coévaluation.

2.4 Conservation des résultats d'évaluation

Note	• Cette étape consiste à conserver dans le dossier d'apprentissage, les résultats d'évaluation pour présentation aux parents lors de la remise du bulletin scolaire.

-   Rappeler aux élèves qu'ils doivent ranger leurs fiches de comportement dans le dossier d'apprentissage.
-   Vérifier l'accomplissement de cette tâche.

Note	• Pour les premières fois, vérifier auprès de chaque élève comment il effectue cette tâche de rangement. S'il y a lieu, l'aider à classer ses documents.

3. Phase de communication des résultats

Présentation

La troisième phase du processus d'autoévaluation, la « phase de communication des résultats » est exercée vers la fin de la séquence. C'est la phase où, à partir des observations recueillies, l'élève et l'enseignant portent un jugement sur les apprentissages d'ordre socio-affectif. Cette réflexion conduit à une communication des résultats par laquelle l'élève rend compte de ses apprentissages à ses parents lors de la remise du bulletin scolaire.

Note
- La phase de communication des résultats devrait conduire à une rencontre parents-enfants en classe de façon à engager davantage l'élève et ses parents dans ce processus d'évaluation formative. (Le chapitre 4 explique, en détail, comment préparer et réaliser une telle rencontre.)
- Quoique cette rencontre formelle ne soit pas obligatoire, il est important de prévoir un moment où l'élève communiquera à ses parents les résultats de ses apprentissages et verra si ses résultats répondent à leur attente.

Contenu

Cette phase consiste d'abord à préparer, à l'aide du dossier d'apprentissage, les informations à communiquer aux parents.

Par après, cette communication est donnée dans le cadre de la remise du bulletin scolaire. L'élève communique alors à ses parents l'état de ses apprentissages d'ordre socio-affectif et voit s'il répond à leur attente.

Durée

Il est nécessaire de prévoir un temps d'environ une semaine pour cette phase de communication.

Démarche

Voici les instructions pour mener à bien la phase de communication des résultats, la troisième du processus d'autoévaluation. Elle compte trois étapes. Cependant, le présent chapitre ne traite que la première. Les deux autres étapes sont traitées au chapitre 4.

1. Phase de planification

    1.1   Détermination des objectifs d'apprentissage poursuivis au cours de la séquence.

    1.2   Précision des critères d'évaluation des apprentissages.

    1.3   Prévision des situations d'apprentissage et d'évaluation.

    1.4   Préparation des outils de consignation des résultats d'évaluation.

2. Phase de réalisation

    2.1   Réalisation des activités d'évaluation.

    2.2   Autoévaluation de l'élève et consignation de ses observations.

    2.3   Coévaluation et consignation des observations de l'enseignant.

    2.4   Conservation des résultats d'évaluation.

3. Phase de communication des résultats

    3.1   Préparation de la communication aux parents.

    3.2   Organisation de la rencontre parents-enfants.

    3.3   Réalisation de la rencontre parents-enfants.

4. Phase de prise de décision

    4.1   Examen rétrospectif de la rencontre parents-enfants.

    4.2   Prise de conscience par l'élève de son cheminement et sélection d'objectifs personnels prioritaires.

    4.3   Sélection d'objectifs collectifs à être poursuivis par la classe.

3.1 Préparation de la communication aux parents

<table>
<tr><td>Note</td><td>

- Cette étape comprend trois principales activités : les élèves revoient et mettent en ordre leur dossier d'apprentissage, préparent la présentation de celui-ci à leurs parents et organisent la période de confrontation.
- Il va sans dire que, au début de l'année, l'enseignant a déjà rencontré les parents pour les informer sur la manière dont sera transmis le bulletin scolaire. Il les a invités à échanger avec leur enfant sur son dossier d'apprentissage et à participer à la période de confrontation.
- Il est important de sensibiliser les parents à la nécessité de valoriser et d'encourager les apprentissages de leur enfant, et de lui signaler ses forces tout autant que ses faiblesses.
- Afin d'éviter que l'enfant se décourage devant l'ampleur ou la quantité d'objectifs à atteindre, il est également important de conseiller aux parents d'arrêter leur attente à la mesure de ses capacités.
- Mis au courant dès le début de l'année du moment de la remise du bulletin scolaire, les élèves savent aussi qu'ils auront à informer leurs parents sur l'état de leurs apprentissages. Ils auront à expliquer leur dossier et à connaître l'avis de leurs parents sur les apprentissages réalisés ou en voie de réalisation.
- Cette communication s'articule principalement autour du dossier renfermant les résultats d'évaluation consignés dans les fiches de comportement tout au long de la séquence. Ce dossier fait connaître aux parents le cheminement socio-affectif de leur enfant.

</td></tr>
</table>

Révision et mise en ordre du dossier d'apprentissage

<table>
<tr><td>Note</td><td>

- La première activité de préparation de la communication aux parents consiste à aider l'élève à mettre de l'ordre dans son dossier. Cette tâche de révision et de classement permet de retenir et d'organiser les informations à transmettre.

</td></tr>
</table>

- Rappeler aux élèves qu'ils auront à expliquer clairement leur dossier à leurs parents. D'où l'importance de bien se préparer.

- Réviser avec les élèves l'ordre dans lequel les objectifs d'ordre socio-affectif ont été évalués au cours de la séquence.
- Les inviter à placer dans cet ordre leurs fiches de comportement conservées dans le dossier d'apprentissage.
- S'il y a lieu, y faire ajouter les observations ou commentaires transmis par les enseignants-spécialistes.

Préparation de la communication du dossier d'apprentissage

Note
- La deuxième activité consiste à aider l'élève à préparer la communication de son dossier.
- Cette communication se prépare à l'aide des fiches de comportement renfermant les résultats d'évaluation de ses apprentissages et de la fiche aide-mémoire (voir ci-dessous). Ceci permet à l'élève d'ordonner ses informations.
- En présentant son dossier, l'élève aura à faire connaître les objectifs d'ordre socio-affectif qui ont été poursuivis au cours de la séquence, à expliquer ses résultats d'évaluation, à les justifier, à répondre aux questions de ses parents et à préciser les moyens qu'il entend prendre pour maintenir ses réussites et améliorer ses faiblesses.
- La préparation de la présentation du dossier devient un véritable projet de communication en enseignement du français par lequel l'élève développe des habiletés langagières. L'élève est placé en situation de communication réelle et signifiante. Il doit choisir et organiser ses informations en tenant compte des besoins d'information de ses parents-interlocuteurs.

- Remettre aux élèves la fiche aide-mémoire suivante qui servira à mettre les informations en ordre pour assurer la clarté de la communication aux parents.

Fiche aide-mémoire détaillée de mon dossier d'apprentissage				
Attitudes et comportements	Cocher après préparation.			Autres références à mon dossier d'apprentissage
	Résultats	Preuves	Solutions	
	☐	☐	☐	_____ _____ _____

- Proposer aux élèves de revoir leur dossier d'apprentissage, de comparer leurs fiches de comportement et de tenter de répondre aux questions suivantes :
  - Suis-je capable d'expliquer les résultats qui y sont consignés? **résultats**
  - Suis-je capable de prouver ces résultats? **preuves**
  - Suis-je capable de faire connaître à mes parents des solutions pour conserver mes points forts et améliorer mes points faibles? **solutions**
- À mesure que les élèves se sentent capables de répondre à ces trois questions, les inviter à en cocher les cases correspondantes sur leur fiche aide-mémoire.
- S'il y a lieu, leur proposer de noter dans l'espace « Autres références à mon dossier d'apprentissage » les observations ou les commentaires qui leur ont été transmis par les enseignants-spécialistes.
- Fournir les explications aux élèves qui ont de la difficulté à préparer la présentation de leur dossier.

Note	• On peut aussi rapprocher deux élèves pour qu'ils s'aident mutuellement sur la façon d'expliquer leur dossier.

- Par ailleurs, proposer à quelques élèves de simuler devant la classe une présentation de leur dossier, en tout ou en partie.
- Jouer le rôle du parent et laisser l'élève expliquer son dossier. Poser des questions pour faire préciser certaines explications :

  Exemples :
  - Pourquoi l'appréciation de ton enseignant est-elle différente de la tienne?
  - Montre-moi où a été ta difficulté dans cette activité?
  - As-tu pu corriger tes erreurs? Qu'as-tu fait alors?

Note	• Il est souvent avantageux de filmer la simulation sur bande magnétoscopique pour permettre à l'élève d'objectiver sa communication.

- Objectiver avec les élèves la communication entendue et fournir des pistes d'amélioration.

Exemples de questions d'objectivation :

- L'élève a-t-il utilisé sa fiche aide-mémoire?
- Les renseignements donnés étaient-ils en ordre?
- Les renseignements transmis étaient-ils suffisants? appropriés?
- L'élève a-t-il présenté les objectifs poursuivis au cours de la séquence?
- L'élève a-t-il expliqué et justifié ses résultats d'évaluation?
- L'élève a-t-il précisé des solutions pour conserver ses points forts? pour améliorer ses points faibles?
- L'élève a-t-il pu répondre adéquatement aux questions?

– S'il y a lieu, faire noter aux élèves les modifications à apporter à leur communication afin qu'ils se les rappellent au moment de la présentation à leurs parents.

Organisation de la période de confrontation des apprentissages aux attentes des parents

- Après la présentation de leur dossier, inviter les élèves à demander l'appréciation de leurs parents.
- Leur proposer d'amorcer une discussion avec leurs parents à partir de résultats d'évaluation consignés sur les fiches de comportement.
- À la suite de cette discussion, les informer qu'ils devront s'entendre avec leurs parents pour que soient identifiés quelques points forts à conserver et quelques points faibles à améliorer durant la prochaine séquence.
- Demander aux élèves d'inviter leurs parents à pointer les points forts et les points faibles qui ont fait l'objet d'un accord. Faire entourer les critères correspondants sur les fiches de comportement.

3.2 Organisation de la rencontre parents-enfants

Note	• Pour des informations concernant cette étape de la phase de communication des résultats, voir le chapitre 4.

3.3 Réalisation de la rencontre parents-enfants

Note	• Pour des informations concernant cette étape de la phase de communication des résultats, voir le chapitre 4.

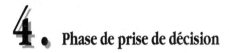

4. Phase de prise de décision

Présentation

La quatrième et dernière phase du processus d'autoévaluation est appelée la « phase de prise de décision ». Elle débute au lendemain de la communication des résultats aux parents et se termine juste au moment d'entreprendre une nouvelle séquence d'apprentissage.

C'est une phase d'analyse et de réflexion que l'élève fait sur son cheminement socio-affectif à la lumière des appréciations de ses parents et de son enseignant. Cette analyse et cette réflexion lui permettent de prendre conscience de son profil d'apprenant et le conduisent à décider des priorités qui réajusteront la trajectoire de ses apprentissages ou en poursuivront la progression.

Contenu

Cette phase consiste d'abord à faire un examen rétrospectif de la communication des résultats aux parents.

Note	• S'il y a eu rencontre formelle parents-enfants en classe, le chapitre 4 explique comment mener à bien ce bilan.

Cette phase consiste donc à aider l'élève à prendre conscience de son cheminement d'apprenant et à se fixer des objectifs personnels à poursuivre au cours de la prochaine séquence.

La phase de décision consiste aussi à faire « prioriser » par la classe certains objectifs d'apprentissage d'ordre socio-affectif qui seront poursuivis collectivement. Ces objectifs, quoique prévus au début de la séquence, n'ont pu être atteints de façon satisfaisante.

Durée

Cette quatrième et dernière phase a lieu après la communication du dossier d'apprentissage aux parents et se déroule sur deux ou trois périodes.

Démarche

Voici les instructions pour mener à bien la phase de prise de décision, la quatrième du processus d'autoévaluation.

1. Phase de planification

   1.1 Détermination des objectifs d'apprentissage poursuivis au cours de la séquence.

   1.2 Précision des critères d'évaluation des apprentissages.

   1.3 Prévision des situations d'apprentissage et d'évaluation.

   1.4 Préparation des outils de consignation des résultats d'évaluation.

2. Phase de réalisation

   2.1 Réalisation des activités d'évaluation.

   2.2 Autoévaluation de l'élève et consignation de ses observations.

   2.3 Coévaluation et consignation des observations de l'enseignant.

   2.4 Conservation des résultats d'évaluation.

3. Phase de communication des résultats

   3.1 Préparation de la communication aux parents.

   3.2 Organisation de la rencontre parents-enfants.

   3.3 Réalisation de la rencontre parents-enfants.

4. Phase de prise de décision

   4.1 Examen rétrospectif de la rencontre parents-enfants.

   4.2 Prise de conscience par l'élève de son cheminement et sélection d'objectifs personnels prioritaires.

   4.3 Sélection d'objectifs collectifs à être poursuivis par la classe.

Les activités de la phase de prise de décision sont présentées selon l'ordre de leur déroulement en classe et, s'il y a lieu, illustrées d'exemples d'attitudes et de comportements de vie en milieu scolaire.

4.1 Examen rétrospectif de la rencontre parents-enfants (communication des résultats aux parents)

Note	• La première étape consiste à faire un bilan de la communication des résultats aux parents.
	• S'il y a eu rencontre formelle parents-enfants en classe, cette première étape est traitée au chapitre 4.

4.2 Prise de conscience par l'élève de son cheminement comportemental et sélection d'objectifs personnels prioritaires

Note	• La deuxième étape consiste à amener l'élève à prendre conscience de l'état de son cheminement socio-affectif à ce moment-ci de l'année scolaire afin de lui faire « prioriser » des objectifs personnels pour la prochaine séquence.
	• La prise de conscience se fait en collaboration avec l'enseignant à partir des commentaires des parents.
	• Trois temps de réflexion conduisent l'élève à sélectionner les objectifs prioritaires. Dans un premier temps, il prend note des commentaires de ses parents; dans un second temps, il retient les objectifs proposés par son enseignant; dans un dernier temps, il ajoute à ces priorités, s'il le peut, d'autres objectifs découlant de sa propre réflexion.

Objectifs personnels issus de la rencontre avec les parents

- Faire relire par les élèves les critères d'évaluation déjà pointés par leurs parents au moment de la rencontre et qui ont fait l'objet de consensus.
- Rappeler aux élèves que ces critères d'évaluation deviennent des objectifs à « prioriser » pour la prochaine séquence.
- Faire transcrire ces objectifs sur la « fiche rappel de mes priorités » (voir à la page suivante) et cocher la provenance dans la colonne « parents ».

- La « fiche rappel de mes priorités » est un outil permettant à l'élève de revoir régulièrement l'ensemble des objectifs qu'il doit poursuivre au cours de la prochaine séquence et dont il devra rendre compte à son enseignant et à ses parents, au terme de celle-ci.
- Au cours de la séquence suivante, il est important de revoir cette fiche avec les élèves afin de leur rappeler les priorités qui ont fait l'objet de leur décision.

FICHE RAPPEL DE MES PRIORITÉS

MES OBJECTIFS
Je coche la provenance de mes objectifs.

Attitudes et comportements	Parents	Élève	Enseignant
_____	☐	☐	☐
_____	☐	☐	☐
_____	☐	☐	☐
_____	☐	☐	☐

Objectifs personnels issus de l'entretien avec l'enseignant

- Rencontrer individuellement chaque élève pour une courte séance de coévaluation.
- Examiner avec lui ses fiches de comportement pour reconnaître ses forces et ses faiblesses à partir de ses résultats d'évaluation.
- Pointer les critères d'évaluation correspondant à ces forces et à ces faiblesses.
- Identifier avec l'élève un ou deux points forts à conserver et un ou deux points faibles à améliorer. Ces points forts et faibles deviennent alors des objectifs à « prioriser » pour la prochaine séquence.
- Au besoin, lui fournir des moyens pour qu'il améliore ses points faibles.
- Comparer ces priorités aux commentaires formulés par ses parents.
- Si ces objectifs sont différents de ceux des parents, les faire transcrire sur la « fiche rappel de mes priorités » en lui demandant d'en cocher la provenance dans la colonne « enseignant ». Si ces objectifs sont semblables, en faire cocher la provenance.

Objectifs personnels issus de la réflexion de l'élève

- Proposer à l'élève de revoir ses fiches de comportement en ayant en tête les priorités retenues en concertation avec ses parents et l'enseignant.
- L'inviter à identifier, s'il y a lieu, d'autres critères d'évaluation qu'il juge importants de conserver ou d'améliorer.
- Faire pointer ces critères et les faire comparer à ceux retenus prioritairement par ses parents et l'enseignant.

- Lui rappeler que ces critères d'évaluation deviennent des objectifs à « prioriser » pour la prochaine séquence.
- Si ces objectifs sont différents de ceux des parents et de l'enseignant, les faire transcrire sur la « fiche rappel de mes priorités » en lui demandant d'en cocher la provenance dans la colonne « élève ». Si ces objectifs sont semblables à ceux des parents ou de l'enseignant, en faire cocher la provenance.

Note	• S'assurer que l'élève ne « priorise » pas une trop grande quantité d'objectifs qu'il ne pourrait poursuivre dans une même séquence.

Exemples d'objectifs d'ordre socio-affectif « priorisés » par un élève de 6ᵉ année pour une séquence donnée			
FICHE RAPPEL DE MES PRIORITÉS			

MES OBJECTIFS
Je coche la provenance de mes objectifs.

Attitudes et comportements	Parents	Élève	Enseignant
— Parler à voix basse durant le travail d'équipe	☐	☐	☑
— Étudier 20 minutes tous les soirs	☑	☐	☐
— Continuer à remettre mes travaux à temps	☐	☑	☐
— Lire plus souvent dans mes moments libres	☐	☑	☐

4.3 Sélection d'objectifs collectifs à être poursuivis par la classe

Note	• La dernière étape consiste à faire connaître aux élèves quelques objectifs d'ordre socio-affectif qui ont été fixés au début de la séquence et qui n'ont pas été atteints de façon satisfaisante par l'ensemble des élèves.
	• Ces objectifs sont sélectionnés par l'enseignant à partir des observations recueillies à travers des situations de vie en milieu scolaire.
	• À ces objectifs retenus en priorité pour la prochaine séquence, viendront s'ajouter les nouveaux objectifs d'apprentissage qui seront déterminés à la phase de planification.

- Présenter aux élèves quelques objectifs qui ne sont pas atteints de façon satisfaisante à la fin de cette séquence et que vous voulez voir améliorer par tous les élèves.

  Exemples
  - Travailler sans faire de bruit.
  - Lire en classe dans les moments libres.

- Préciser aux élèves les observations qui ont conduit à retenir prioritairement ces objectifs.

- Faire ensuite transcrire les objectifs de la classe sur la « fiche rappel de mes priorités ».

FICHE RAPPEL DE MES PRIORITÉS

Objectifs de la classe

Attitudes et comportements

_____

_____

_____

_____

Note
- Au cours de la séquence, il est important d'inviter les élèves à s'interroger régulièrement sur le suivi des priorités de la fiche rappel.

  Exemples

  - Est-ce que je porte attention aux commentaires de mes parents? de mon enseignant?
  - Est-ce que je possède encore les points forts que j'avais identifiés?
  - Est-ce que je tente toujours d'améliorer mes points faibles?

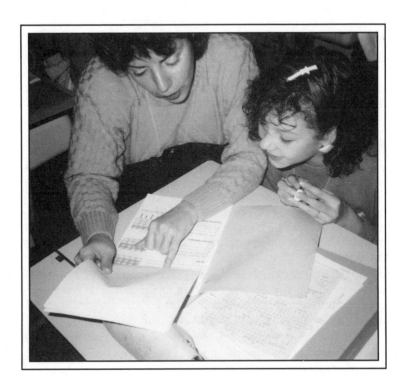

La rencontre parents-enfants, moyen privilégié de la phase de communication des résultats

◆

Ce chapitre formule comment engager l'élève dans la communication de son bulletin scolaire à ses parents, plus précisément comment l'engager dans la préparation, l'organisation et la réalisation de la rencontre parents-enfants en classe.

Introduction

La rencontre parents-enfants en classe s'inscrit dans la phase de communication des résultats. Elle est un moyen privilégié de communication du bulletin scolaire, car elle permet de faire participer davantage l'élève et ses parents au processus d'évaluation décrit dans cet ouvrage.

Rappel de la phase de communication des résultats

La troisième phase du processus d'autoévaluation appelée la « phase de communication des résultats » a lieu vers la fin de la séquence où, à partir des observations recueillies, l'élève et l'enseignant portent un jugement sur les apprentissages réalisés. Ce jugement mène à une rencontre parents-enfant en classe au cours de laquelle l'élève rend compte de ses apprentissages.

Contenu

Cette phase consiste d'abord à préparer, à l'aide du dossier d'apprentissage, les informations qui seront communiquées aux parents et à organiser ensuite la rencontre. La communication des résultats suppose un temps de préparation pour réviser et mettre en ordre le dossier d'apprentissage, définir le contenu des informations à transmettre, choisir les stratégies de communication, structurer le programme de la rencontre et aménager l'environnement physique de la classe.

Par après, il s'agit de réaliser la rencontre parents-enfants dans laquelle la remise du bulletin scolaire devient une véritable situation de communication. Les élèves communiquent individuellement et collectivement l'état de leurs apprentissages d'ordre cognitif et d'ordre socio-affectif.

Enfin, cette phase se termine par une période où se comparent les apprentissages réalisés et l'attente des parents.

Durée

Il est nécessaire de prévoir environ une semaine pour effectuer la phase de communication des résultats.

Démarche

Voici les instructions nécessaires pour mener à bien la rencontre parents-enfants.

Le tableau suivant en résume les principales étapes.

1. Préparation de la rencontre parents-enfants
   - Révision et mise en ordre du dossier d'apprentissage
   - Préparation de la communication du dossier d'apprentissage
   - Organisation de la période de confrontation des apprentissages de l'élève aux attentes de ses parents
   - Sélection des activités d'évaluation à faire connaître aux parents
   - Préparation de la communication collective aux parents

2. Organisation de la rencontre parents-enfants
   - Invitation aux parents
   - Préparation du programme de la rencontre
   - Aménagement du local de la rencontre

3. Réalisation de la rencontre parents-enfants
   - Déroulement de la rencontre parents-enfants en classe
   - Confrontation des apprentissages de l'élève aux attentes de ses parents
   - Évaluation de la rencontre parents-enfants
   - Déroulement de la rencontre parents-enfant à domicile

4. Examen rétrospectif de la rencontre parents-enfants

1. Préparation de la rencontre parents-enfants

Note

- Cette étape comprend cinq principales activités : réviser et mettre en ordre le dossier d'apprentissage, préparer la présentation du dossier, sélectionner les activités d'évaluation à faire connaître aux parents, choisir les stratégies de communication appropriées et préparer la période de confrontation.

- À ce stade-ci, l'enseignant a déjà prévu le moment où se tiendra la rencontre parents-enfants, la durée approximative de la rencontre et un aperçu du programme.

- Il va sans dire que, au début de l'année, l'enseignant a déjà rencontré les parents pour les informer sur la manière dont sera transmis le bulletin scolaire. Il les a invités à participer régulièrement à chacune des rencontres parents-enfants, à échanger avec leur enfant sur son dossier d'apprentissage et à lui faire connaître leur expectative.

- Il est important de sensibiliser les parents à l'importance de valoriser et d'encourager les apprentissages de leur enfant, de lui signaler les forces tout autant que les faiblesses de son dossier.

- Il est également nécessaire d'avertir les parents de fixer leur attente à la mesure des capacités de l'enfant afin d'éviter que celui-ci se décourage devant l'ampleur ou la quantité d'objectifs à atteindre.

- Mis au courant dès le début de l'année, les élèves savent aussi qu'ils auront à informer leurs parents sur l'état de leurs apprentissages quand viendra le moment de la remise du bulletin scolaire. Au début de la rencontre, ils auront à expliquer individuellement leur dossier d'apprentissage puis ils auront à informer tous les parents sur certaines activités d'évaluation menées au cours de la séquence; enfin, ils auront à connaître l'avis de leurs parents sur les apprentissages réalisés ou en voie de réalisation.

- Cette communication s'articule principalement autour du dossier d'apprentissage renfermant les diverses productions marquées d'une évaluation au cours de la séquence ainsi que les résultats d'évaluation. Ce dossier fait connaître aux parents le cheminement intellectuel et le développement socio-affectif de leur enfant.

- La préparation de la rencontre parents-enfants devient un véritable projet de communication en enseignement du français par lequel l'élève développe ses habiletés langagières. L'élève est placé en situation de communication réelle et signifiante. Il doit ainsi choisir et organiser ses informations en tenant compte des besoins d'information de ses interlocuteurs.

Révision et mise en ordre du dossier d'apprentissage

Note
- La première activité de préparation de la communication aux parents consiste à aider l'élève à mettre de l'ordre dans son dossier. Cette tâche de révision et de classement permet de retenir et d'organiser les informations à transmettre.

- Informer les élèves qu'ils disposeront d'environ 30 minutes pour expliquer clairement leur dossier d'apprentissage. D'où l'importance de bien se préparer.
- En se servant des fiches de références aux activités d'évaluation, réviser avec les élèves l'ordre dans lequel les productions ont été évaluées, consignées dans les grilles d'évaluation et conservées dans le dossier d'apprentissage.

Note
- Le classement des productions peut se faire dans l'ordre d'apparition des matières sur le formulaire officiel du bulletin scolaire.

- Faire commenter brièvement chacune des productions marquées d'une évaluation, afin que les élèves puissent être en mesure de fournir les renseignements appropriés : courte description de l'activité, contexte dans lequel elle a été réalisée, objectifs, etc.
- S'il y a lieu, faire ajouter dans le dossier d'apprentissage les productions évaluées par les enseignants-spécialistes.
- Au besoin, pour être en mesure de mieux renseigner leurs parents, faire ajouter dans le dossier les outils de travail quotidiens : manuels de base, cahiers d'activités, manuels de référence, etc.

- Faire noter les productions évaluées qui ne figurent pas dans le dossier d'apprentissage que l'élève possède, afin de pouvoir y revenir dans un autre temps ; par exemple, une production en communication orale déjà évaluée mais absente du dossier, car conservée sur bande magnétoscopique.

Préparation de la communication du dossier d'apprentissage

Note	• La deuxième activité consiste à aider l'élève à préparer la communication de son dossier.
	• Cette communication se prépare à l'aide des grilles d'évaluation, des productions marquées d'une évaluation, de la fiche aide-mémoire (voir à la page suivante). Ceci permet à l'élève d'ordonner ses informations et, au besoin, de se servir de ses outils de travail quotidiens.
	• En présentant son dossier, l'élève aura à expliquer ses résultats d'évaluation, à les justifier à l'aide de ses productions, à répondre aux questions de ses parents et à préciser les moyens qu'il entend prendre pour maintenir ses réussites et améliorer ses faiblesses.

- Présenter aux élèves la fiche aide-mémoire suivante qui servira à mettre les informations en ordre pour assurer la clarté de la communication aux parents.
- Proposer aux élèves de revoir leur dossier d'apprentissage et de tenter de répondre aux questions suivantes :
  - Suis-je capable d'expliquer les résultats qui sont consignés sur ma grille d'évaluation? **résultats**
  - Suis-je capable de prouver ces résultats à l'aide des productions évaluées dans mon dossier? **preuves**
  - Suis-je capable de faire connaître à mes parents des solutions pour conserver mes points forts et améliorer mes points faibles? **solutions**
- À mesure que les élèves se sentent capables de répondre à ces trois questions, les inviter à en cocher les cases correspondantes sur leur fiche aide-mémoire.
- Au besoin, leur proposer de noter des références aux outils de travail quotidiens afin de donner certains renseignements précis.
- Fournir des explications aux élèves qui ont de la difficulté à préparer la présentation de leur dossier.

Note	• On peut aussi rapprocher deux élèves pour qu'ils s'aident mutuellement sur la façon d'expliquer leur dossier.

Fiche aide-mémoire détaillée de mon dossier d'apprentissage				
LES MATIÈRES	Cocher après préparation.			Autres références à mon dossier d'apprentissage
	Résultats	Preuves	Solutions	
Français				
• communication orale	☐	☐	☐	_____
• lecture	☐	☐	☐	_____
• communication écrite	☐	☐	☐	_____
Mathématiques				
• géométrie/mesure	☐	☐	☐	_____
• nombres	☐	☐	☐	_____
Sciences				
• sciences humaines	☐	☐	☐	_____
• sciences de la nature	☐	☐	☐	_____
Arts				
• arts plastiques	☐	☐	☐	_____
• art dramatique	☐	☐	☐	_____
Enseignement moral et (ou) religieux	☐	☐	☐	_____
Anglais, langue seconde	☐	☐	☐	_____
Musique	☐	☐	☐	_____
Éducation physique	☐	☐	☐	_____
ATTITUDES ET COMPORTEMENTS	☐	☐	☐	_____

– Par ailleurs, proposer à quelques élèves de simuler devant la classe une présentation de leur dossier, en tout ou en partie.

– Jouer le rôle du parent et laisser l'élève expliquer son dossier. Poser des questions pour faire préciser certaines explications :

Exemples
- Pourquoi l'appréciation de ton enseignant est-elle différente de la tienne?
- Montre-moi où a été ta difficulté dans cette activité?
- As-tu pu corriger tes erreurs? Qu'as-tu fait alors?

Note	• Il est souvent avantageux de filmer la simulation sur bande magnétoscopique pour permettre à l'élève d'objectiver sa communication.

– Objectiver avec les élèves la communication entendue et fournir des pistes d'amélioration.

Note	• L'objectivation consiste à analyser le discours informatif produit par l'élève en fonction de son intention de communication, du choix et de l'organisation de ses informations, selon les besoins d'information de ses parents et de leur réaction.

Exemples de questions d'objectivation :
• L'élève a-t-il utilisé sa fiche aide-mémoire?
• Les renseignements donnés étaient-ils en ordre?
• Les renseignements transmis étaient-ils suffisants? appropriés?
• L'élève a-t-il expliqué et justifié ses résultats d'évaluation?
• L'élève a-t-il présenté les productions dans son dossier?
• L'élève a-t-il précisé des solutions pour conserver ses points forts? pour améliorer ses points faibles?
• L'élève a-t-il pu répondre adéquatement aux questions?

– S'il y a lieu, faire noter aux élèves les modifications à apporter à leur communication afin qu'ils se les rappellent au moment de la présentation à leurs parents.

Organisation de la période de confrontation des apprentissages aux attentes des parents

Note	• Cette période de confrontation est un court moment d'échange durant lequel l'élève compare l'évaluation de ses apprentissages aux attentes de ses parents. Au cours de cet échange, il les invite à donner leur appréciation, à discuter des forces et des faiblesses soulignées dans les productions marquées d'une évaluation et à identifier pour la prochaine séquence, les points forts à conserver et les points faibles à corriger.
	• Au cours de cette période, il devient nécessaire qu'un véritable dialogue s'établisse entre l'enfant

et ses parents pour en arriver à un consensus sur les forces et les faiblesses. Au lendemain de la présentation du dossier, ces facteurs deviennent des objectifs dont l'élève devra rendre compte au terme de la séquence suivante.

- Après la présentation de leur dossier, inviter les élèves à demander l'appréciation de leurs parents.

- Leur proposer d'amorcer une discussion avec leurs parents à partir de résultats d'évaluation consignés dans le dossier d'apprentissage.

- À la suite de cette discussion, les informer qu'ils devront s'entendre avec leurs parents pour que soient identifiés quelques points forts à conserver et quelques points faibles à améliorer durant la prochaine séquence.

- Demander aux élèves d'inviter leurs parents à pointer les points forts et les points faibles qui ont fait l'objet d'un accord. Faire entourer les critères correspondants sur les instruments d'évaluation de l'élève.

Sélection des activités d'évaluation à faire connaître aux parents

Note
- La révision et la mise en ordre du dossier d'apprentissage ont permis de noter les productions qui ont été évaluées mais qui ne figurent pas en apparence dans le dossier que l'élève a entre les mains.

- Ces productions ont été conservées d'une autre façon, car elles exigeaient des tâches évaluatives différentes de celles identifiées « papier/crayon ». Elles sont, par exemple, des objets fabriqués en sciences de la nature, des montages audiovisuels en communication orale, des réalisations en arts plastiques ou encore des productions évaluées dans le cadre d'un projet particulier : correspondance scolaire, sortie dans le milieu, interprétation musicale, interview, etc.

- La quatrième activité de préparation de la rencontre parents-enfants consiste donc à choisir parmi les activités d'évaluation celles qui pourraient faire l'objet d'une communication collective et qui compléteraient les informations transmises aux parents au moyen du dossier d'apprentissage.

- La communication collective permet aux parents de mieux comprendre, d'une part, les tâches évaluatives proposées aux élèves et, d'autre part, les objectifs et la démarche d'apprentissage des programmes d'études en vigueur.

- À partir des notes prises au moment de la révision du dossier d'apprentissage avec les élèves, lister au tableau l'ensemble des productions évaluées qui ne figurent pas dans le dossier de l'élève.
- Choisir avec les élèves celles qui feront l'objet de la communication collective et qui permettront de compléter judicieusement les informations transmises à l'aide du dossier.

Note	• Ce choix se fait en tenant compte de la représentativité des productions évaluées au cours de la séquence, de l'importance accordée à l'activité d'évaluation et de la durée prévue pour la rencontre parents-enfants.

- Préparer la communication en choisissant avec les élèves les stratégies les plus adéquates pour renseigner les parents.

Préparation de la communication collective aux parents

Note	• Cette dernière activité veut aider les élèves à préparer la communication collective des activités d'évaluation qui ont été choisies.
	• Diverses stratégies de communication peuvent être explorées avec les élèves afin de choisir celles qui seront les plus efficaces pour la compréhension des informations à communiquer. Les stratégies de communication sont choisies en fonction du sujet et du contenu de la communication, du temps de préparation accordé et des contraintes d'organisation de la rencontre. (Voir le tableau à la page suivante.)
	• La préparation de la communication collective permet à l'enseignant d'observer le degré de maîtrise des apprentissages réalisés par les élèves au cours de la séquence, car ceux-ci doivent utiliser à nouveau leurs habiletés pour verbaliser la nature de leurs apprentissages, la manière avec laquelle ils ont appris et celle avec laquelle leurs apprentissages ont été évalués.
	• Les parents sont invités à participer à ces communications en petits groupes. Chaque communication dure environ cinq minutes et se répète à intervalles réguliers, selon un horaire strict, de façon que les parents puissent bénéficier de toutes les informations préparées pour eux.

- La communication fait connaître les apprentissages qui ont été évalués et la démarche de réalisation de l'activité. Elle se termine par des questions aux parents et permet aux élèves de vérifier le degré de compréhension de leur communication.

Exemples de stratégies de communication expérimentées avec des élèves lors de communications collectives aux parents	
Stratégies de communication	**Notes explicatives**
Exposé	Informations verbales données aux parents par les élèves sur des activités d'évaluation réalisées au cours de la séquence d'apprentissage (ex. : productions évaluées dans le cadre d'un projet particulier : correspondance scolaire, sortie dans le milieu, etc.).
Exposition	Présentation aux parents de diverses productions témoignant des apprentissages réalisés (ex. : productions en arts plastiques).
Démonstration	Explications orales et illustrées, fournies par les élèves, pour faire connaître un procédé ou une technique particulière (ex. : démarche pour résoudre un problème en mathématique, démarche pour s'autocorriger, etc.).
Atelier d'animation	Animation d'activités par les élèves afin de faire vivre aux parents certains apprentissages réalisés en classe (ex. : expérience menée en sciences de la nature).
Document audiovisuel	Audition ou visionnement d'un document audiovisuel réalisé en classe dans le cadre d'une activité d'évaluation formative (ex. : vidéo produit pour évaluer la communication orale des élèves lors d'un compte rendu de recherche).
Activité-type d'évaluation d'une discipline spécialisée	Intervention d'un enseignant-spécialiste faisant vivre aux élèves, en présence de leurs parents, une activité-type d'évaluation sur un objectif donné (ex. : activité d'évaluation menée en éducation physique, en anglais, en musique, etc.).

- À partir des activités retenues, faire choisir par chaque élève celle qu'il aimerait communiquer aux parents.

• Ce choix se fait d'abord en fonction de l'intérêt des élèves pour ces activités, puis du nombre d'activités à faire connaître.

– Former les équipes d'élèves en identifiant chacun des participants.

• Il est important que chaque élève ait une activité de communication orale à présenter au cours de cette partie de la rencontre parents-enfants.

– Par après, présenter aux élèves la fiche de préparation de la communication collective afin d'aider les équipes à préparer un plan de leur communication.

Fiche de préparation de la communication collective aux parents

Mon nom _____

Date de la rencontre ____ / ____ / ____

Titre de la communication

_____

_____

Description de la communication

_____

_____

_____

_____

_____

_____

Objectifs évalués

_____

_____

_____

_____

Présentation de l'activité aux parents
(tâche de chaque participant)

_____

_____

_____

_____

_____

Matériel

_____

_____

_____

Aménagement du coin
de communication

_____

_____

_____

_____

Vérification de la communication

_____

_____

_____

_____

Approbation du plan

_____

Signature de mon enseignant

90

-   Prévenir les équipes qu'elles disposeront d'une durée maximale de cinq minutes pour la présentation de leur communication. Leur préciser qu'elles devront faire connaître les apprentissages qui ont été évalués de même que la démarche de réalisation de l'activité. Les élèves devront aussi préparer des questions pour vérifier, auprès des parents, la compréhension de leur communication.

Note	• Se servir des notes explicatives suivantes, fournies à l'élève, pour expliquer la fiche de préparation de la communication collective.

Fiche de préparation de la communication collective aux parents
Notes explicatives à l'élève

Mon nom _____

Date de la rencontre ____ / ____ / ____

Titre de la communication
J'écris le titre de l'activité d'évaluation que j'ai choisi de faire connaître aux parents.

Description de la communication
Je décris l'activité d'évaluation choisie en la situant dans le temps.

_____

Objectifs évalués
En me référant à ma grille d'évaluation, je note précisément les objectifs évalués par cette activité.

_____

Présentation de l'activité aux parents
(tâche de chaque participant)
Je liste les tâches à exécuter pour présenter mon activité.

_____

Matériel
Je liste le matériel nécessaire pour la présentation de l'activité : illustrations, papier, crayons, chaises, tables, matériel audiovisuel, etc.

_____

Aménagement du coin
de communication
Je prévois l'organisation du coin de communication où je présenterai l'activité.

_____

Vérification de la communication
Je prévois quelques questions adressées aux parents pour vérifier leur compréhension de ma communication.

_____

Approbation du plan
Je dois faire approuver ma fiche de préparation.

Signature de mon enseignant

- Faire remplir la fiche de préparation par l'équipe en faisant noter, par chacun des participants, la tâche à réaliser ainsi que le matériel dont il aura besoin.
- Laisser ensuite aux élèves le temps nécessaire pour préparer leur communication.

Note   • Intervenir auprès de certains élèves pour les aider à préparer cette communication. Suggérer des pistes de solution à leurs problèmes.

- Objectiver, à tour de rôle, avec chaque équipe, le contenu de leur communication pendant que les autres poursuivent la préparation de leur présentation orale.

Note   • L'objectivation porte alors sur le contenu des informations (pertinence et suffisance) et sur la manière de les transmettre (élocution, gestes, illustrations, etc.).

Exemples de questions d'objectivation portant sur cette communication orale :
- A-t-on fourni assez de détails pour informer les parents?
- A-t-on donné les détails nécessaires pour répondre aux questions probables des parents?
- Devrait-on ajouter d'autres détails appropriés?
- A-t-on porté une attention particulière à la manière de communiquer le message?
- A-t-on tout le matériel requis pour illustrer clairement la communication?

À la lumière des commentaires énoncés, faire noter les modifications qui devront être apportées à la communication.

2. Organisation de la rencontre parents-enfants

Note

- Cette étape comprend trois activités principales : une invitation adressée aux parents, la préparation du programme de la rencontre et l'aménagement du local dans lequel se tiendra la rencontre.
- Il est important de faire participer les élèves à l'organisation de la rencontre parents-enfants pour qu'ils deviennent responsables de la bonne marche de la rencontre.
- Au moment de la rencontre, les élèves sont les principaux acteurs. L'enseignant se réserve plutôt un rôle de supervision des tâches distribuées et est disponible pour répondre aux besoins des élèves et de leurs parents.

Invitation aux parents

Note

- Cette activité consiste à inviter les parents à participer à la rencontre en leur faisant connaître le but de la rencontre ainsi que la date, l'heure et le lieu.
- Il est important d'inviter les parents quelque temps à l'avance de façon qu'ils puissent être disponibles. Quand cette condition est respectée, il est évident de constater un taux de présence élevé des parents à chacune des rencontres de l'année. Cela s'explique principalement par le fait que tous les élèves sont engagés dans la prépara- tion de ces rencontres et dans les communications à transmettre.

- Faire compléter une lettre d'invitation aux parents. Par exemple, ce pourrait être un modèle semblable à celui-ci.

École _____

Date _____

Chers parents,

Me voilà rendu à la fin de la _____ séquence d'apprentissage. C'est le temps de vous remettre mon bulletin. J'ai fait des efforts pour réaliser les activités d'apprentissage proposées et pour réussir les activités d'évaluation.

Je vous invite donc à une rencontre que la classe a préparée spécialement pour vous. Je vous expliquerai alors mes résultats et la manière dont j'ai appris.

Je vous accueillerai sous le thème de _____ .

La rencontre aura lieu : Date _____
                                        Endroit _____
                                        Heure _____

Votre présence est très importante pour moi.
                                        Nom de l'élève _____
                                        Classe de _____

— —

Billet réponse

Nous serons présents à la rencontre avec _____ .
                                                         (Nom et prénom de l'élève)

Oui ☐   Non ☐   Signature des parents _____

  N.B. Si vous ne pouvez être présents, il serait souhaitable que vous puissiez vous
       faire remplacer.

- Demander aux élèves de rapporter en classe le billet réponse rempli par les parents.
- Compiler les billets réponses pour vérifier le nombre de présences à la rencontre.

Note	• La confirmation de la présence des parents à la rencontre permet de préparer adéquatement le local.
	• En cas d'absence des parents, on leur propose de se faire remplacer par un proche de l'enfant : grands-parents, parrain ou marraine, gardienne,

etc. Ainsi, l'enfant sera assuré d'une présence attentive quand il communiquera son dossier d'apprentissage.

Si cette solution s'avère impossible, l'élève apporte alors son dossier d'apprentissage à la maison pour le présenter à ses parents à un autre moment.

Préparation du programme de la rencontre

Note
- Cette autre activité de préparation de la rencontre parents-enfants consiste à finaliser le contenu de la rencontre en mettant au point le programme et l'horaire.
- Les deux principales activités de la rencontre (présentation du dossier d'apprentissage et communication collective d'activités d'évaluation) étant déjà préparées, il s'agit d'en prévoir le déroulement en y ajoutant les activités d'accueil, d'introduction et de clôture.

Activité d'accueil

Note
- Cette activité consiste à remettre aux parents, en guise d'accueil, un macaron préparé par les élèves sur le thème de la rencontre. Avant de débuter, cette activité d'accueil facilite un premier contact avec les parents et tente de préparer le climat de la communication qui suivra.

- Proposer aux élèves de trouver un slogan qui fera connaître le thème de la rencontre. Faire surgir des idées de slogan en rappelant soit le thème de l'accueil du début de l'année, soit le but d'une rencontre parents-enfants ou encore une expérience antérieure autour de la remise du bulletin scolaire.

Exemples de slogans produits par des élèves de 6ᵉ année :
- Faut s'parler!
- Ça se déroule comme ça!
- Viens voir mes progrès!
- La communication, c'est notre affaire!

- Choisir avec les élèves le slogan qui correspond le mieux au but recherché pour une rencontre parents-enfants.
- Demander ensuite aux élèves des suggestions de macarons.
- Faire choisir le modèle qui illustre le mieux le thème de la rencontre.
- À partir du modèle retenu, faire confectionner par chaque élève deux ou trois macarons en y inscrivant le slogan choisi par la classe.

Note	• Dans un travail à domicile ou dans ses moments libres en classe, l'élève confectionne des macarons en nombre suffisant pour lui et pour ses parents.

Activités d'introduction à la rencontre

Note	• Les activités d'introduction à la rencontre sont de courtes communications orales préparées et présentées par les élèves pour faire comprendre aux parents les objectifs de la rencontre et le processus d'évaluation qui est privilégié.
	• Ces activités comprennent le mot de bienvenue aux parents, la présentation du programme de la rencontre, la présentation du mot de circonstance de la direction de l'école et de l'enseignant, des explications sur le processus d'autoévaluation en classe et des précisions sur l'attente des élèves concernant leurs parents.

- Présenter aux élèves chacune des activités d'introduction. Leur préciser les tâches à réaliser.
- Répartir les élèves et les diriger vers des activités qu'ils jugent intéressantes à préparer.
- Les sous-groupes formés, inviter les élèves à participer à la réalisation de chacune des activités, leur faire préparer le contenu du message oral aux parents et la façon de présenter ce message.

Note	• Laisser environ dix minutes pour faire exécuter ce travail de préparation en sous-groupes.

- Circuler entre les sous-groupes pour vérifier l'exécution des tâches. Apporter une aide au besoin.
- Au terme de cette période, choisir un élève au hasard dans chacun des sous-groupes. Chacun des élèves choisis aura la responsabilité de mener seul l'activité.

Identification des activités d'introduction à la rencontre	
Activités	**Définition**
Mot de bienvenue aux parents	Court message annonçant officiellement le début de la rencontre. Il comporte un souhait de bienvenue et des précisions sur les objectifs et le thème de la rencontre.
Présentation du programme de la rencontre	Renseignements communiqués aux parents sur le déroulement et l'horaire de la rencontre.
Présentation du mot de circonstance de la direction de l'école	Courte présentation de la direction de l'école. Celle-ci profite de l'occasion pour expliquer les objectifs de l'école, en rappeler le projet éducatif ou soutenir ce projet d'innovation en évaluation.
Présentation du mot de circonstance de l'enseignant	Brève présentation de l'enseignant. Il profite de l'occasion pour rappeler son rôle dans le processus d'autoévaluation des apprentissages et préciser son attente concernant la collaboration des parents.
Explications sur le processus d'autoévaluation	Brèves explications données sur le système d'évaluation vécu en classe : période d'autoévaluation, séance de coévaluation, consignation des résultats et conservation des productions marquées d'une évaluation.
Précisions sur l'attente des élèves concernant leurs parents	Courts énoncés faisant connaître l'attente des élèves concernant la participation des parents à cette rencontre. Ces énoncés pourraient être formulés ainsi: • Nous nous attendons à ce que vous nous écoutiez, car nous avons des choses à vous dire. • Nous nous attendons à ce que vous nous félicitiez et à ce que vous nous encouragiez. • Nous nous attendons à ce que vous nous fassiez part de vos idées sur nos apprentissages.

Note
- L'enseignant choisit aussi un élève qui jouera le rôle de « maître de cérémonie » pour présenter les activités prévues au programme.

– Faire objectiver par la classe la communication orale présentée par les élèves qui ont été choisis au hasard.

Exemples de questions d'objectivation :
- A-t-on donné assez de détails pour bien informer les parents?
- Devrait-on en ajouter? en retrancher?
- A-t-on porté une attention particulière à la présentation du message?
- Devrait-on illustrer davantage cette communication?

97

- En tenant compte des commentaires de la classe, inviter ces élèves à modifier, s'il y a lieu, la présentation de leur communication.

Activités de clôture de la rencontre

Note	• Les activités de clôture sont aussi de courtes communications orales préparées et présentées par les élèves. Elles ont toujours comme objectif de mieux faire comprendre aux parents le processus d'évaluation dans lequel s'inscrit cette rencontre.
	• Ces activités comprennent la présentation de la période de confrontation avec les parents, la présentation de la séance d'évaluation de la rencontre et le mot officiel de la fin.

Identification des activités de clôture de la rencontre	
Activités	**Définition**
Présentation de la période de confrontation avec les parents	Brèves explications aux parents les informant sur la manière de mener l'activité de confrontation avec leur enfant ainsi que sur la durée de temps accordé pour cette période.
Présentation de la séance d'évaluation de la rencontre	Courte présentation de la période d'évaluation de la rencontre à l'aide des questionnaires remis respectivement aux parents et aux enfants.
Mot de la fin	Court message de remerciements annonçant officiellement la fin de la rencontre.

- Présenter aux élèves chacune de ces activités de clôture. Leur préciser les tâches à réaliser.
- Procéder de la même façon que celle menée dans les activités d'introduction.

Note	• L'enseignant devrait faire préparer par les élèves les activités de clôture de la rencontre en même temps que celles d'introduction.

Programme-type d'une rencontre parents-enfants		
Durée	**Activités**	**Programme**
Quelques minutes avant le début de la rencontre	Accueil des parents	• Remise de macarons
15 minutes	Introduction à la rencontre	• Mot de bienvenue • Présentation du programme de la rencontre • Mot de la direction de l'école • Mot de l'enseignant • Système d'évaluation en classe • Attente concernant les parents
30 minutes	Dossier d'apprentissage	• Présentation du dossier d'apprentissage par l'enfant à ses parents
Pause		
30 minutes	Communication collective aux parents	• Présentation d'activités d'évaluation
15 minutes	Clôture de la rencontre	• Discussion sur le dossier d'apprentissage • Évaluation de la rencontre • Mot de la fin

Note
- La durée approximative d'une rencontre parents-enfants est de 90 minutes.
- Si la présentation du dossier d'apprentissage n'est pas terminée à la fin de la période de temps prévue à cette fin, suggérer aux parents et aux enfants de la poursuivre à la maison.
- Pendant la pause, les élèves en profitent pour se préparer à leur communication collective.

- Une fois le programme de la rencontre finalisé, procéder avec les élèves à une répétition générale. Vérifier la performance des tâches, le matériel utilisé de même que la durée de l'activité prévue.
- Apporter des ajustements s'il y a lieu.

Aménagement du local de la rencontre

Note	• La rencontre parents-enfants se tient de préférence dans le local de classe habituel de l'élève. Cependant, dans le cas d'un espace trop restreint, on pourrait aménager un autre local plus grand — par exemple, le gymnase de l'école — ou encore aménager un local libre adjacent à celui de la classe pour diviser le nombre de parents en deux groupes.
	• Il est nécessaire de prévoir quelques minutes pour l'aménagement du local de la rencontre. Au moment de la préparation, le matériel nécessaire aux différentes activités ayant été remisé dans un coin spécial, il est alors possible d'aménager rapidement le local avec les élèves.

Exemple de plan d'aménagement du local de la rencontre

Note	• Il faut prévoir une aire pour les activités d'accueil, d'introduction et de clôture, une autre pour la présentation du dossier d'apprentissage et une autre pour la communication collective.
	• Il faut également prévoir des espaces libres pour la circulation.

- Faire ranger les pupitres des élèves. Sur chacun d'eux, disposer le dossier d'apprentissage prêt à la présentation.
- Autour du pupitre de l'élève, ajouter des chaises en nombre suffisant.
- Afficher ou exposer les travaux à faire connaître aux parents.
- Aménager l'aire des activités d'accueil, d'introduction et de clôture. Y disposer le matériel nécessaire pour chacune de ces activités.
- Aménager les coins de communication collective. Y disposer le matériel prévu pour chacune des présentations.

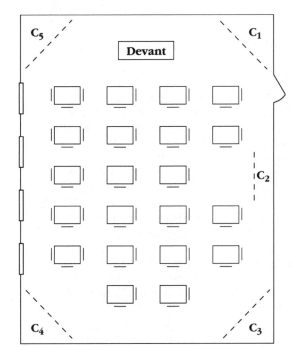

Devant de la classe :
- là où se déroulent les activités d'accueil, d'introduction et de clôture

Aire pour la présentation individuelle du dossier d'apprentissage

C_1, C_2, C_3, C_4, C_5
Coins de communication collective avec les parents

3. Réalisation de la rencontre parents-enfants

Note

- Rappelons que la rencontre parents-enfants est une autre étape importante pour faire participer l'élève à l'évaluation de ses apprentissages. Elle lui permet de faire connaître l'état de ses apprentissages à un moment de son cheminement et d'avoir une réaction de la part de ses parents et de son enseignant et de l'aide afin de poursuivre ou de réajuster ses apprentissages.

- La rencontre parents-enfants se tient à la fin de chacune des séquences d'apprentissage. Ainsi, au cours d'une année scolaire, quatre rencontres parents-enfants sont prévues. Les premières se déroulent à l'école en présence de l'enseignant alors que la dernière se tient à domicile en présence des parents.

  Il convient d'habiliter l'élève à communiquer l'état de ses apprentissages à l'école, avant de lui laisser la responsabilité de le faire seul à la maison.

Dans un premier temps, il sera question de la rencontre parents-enfants à l'école. Dans un second, des informations viendront préciser le déroulement de la rencontre parents-enfants à domicile suggérée pour la dernière séquence d'apprentissage de l'année scolaire.

Déroulement de la rencontre parents-enfants en classe

Note

- La rencontre parents-enfants à l'école dure environ 90 minutes et se tient pendant la journée de classe ou durant la soirée, dépendamment de la disponibilité des parents.

- L'élève en devient le principal acteur. C'est à lui qu'appartient la responsabilité première de l'information transmise, moment intense et privilégié de communication entre l'enfant et ses parents. La rencontre ne doit pas être perturbée par des apartés entre l'enseignant et les parents tentant de résoudre des cas personnels de comportement. Il appartient donc à l'enseignant de régler, avant la rencontre, les cas personnels de façon à éviter de tels échanges qui pourraient nuire au déroulement de la rencontre et de consacrer complètement son temps aux élèves et à leurs parents.

- Pendant la rencontre, l'enseignant joue un rôle de soutien auprès des élèves. Il les encourage à bien communiquer, il leur rappelle leur tâche, il répond à leurs questions ou les aide, en cas d'embarras, à préciser certains renseignements dans leur dossier d'apprentissage. L'enseignant joue aussi un rôle auprès des parents, celui de communicateur. Les cas personnels de comportement d'élèves préalablement réglés à l'école, l'enseignant circule, répond aux questions venant des parents lorsque les élèves ne sont pas en mesure de répondre et reçoit les impressions des parents sur le déroulement de la rencontre.

- Accueillir les parents au fur et à mesure de leur arrivée à l'école. Inviter les élèves à leur remettre le macaron déjà préparé.

- Faire respecter l'horaire et la durée prévue pour chacune des activités.

- Avant la présentation du dossier d'apprentissage, s'assurer que les parents savent qu'ils auront à analyser ce dossier à la fin de la rencontre.

Note
- Même si la présentation du dossier n'est pas terminée au moment prévu, il est important de passer à la prochaine activité afin de respecter l'horaire. La présentation du dossier devrait alors se terminer à la maison.

- Pendant la présentation du dossier d'apprentissage, circuler pour aider les élèves à répondre aux questions de leurs parents. Vérifier aussi auprès des parents si les renseignements donnés par leur enfant sont clairement présentés, sinon intervenir pour les clarifier. Répondre brièvement aux questions des parents lorsque les élèves en sont incapables.

Note
- Si la réponse à une question des parents s'avère élaborée, la noter et y répondre à un autre moment.

- Pendant la présentation collective des activités d'évaluation, circuler dans les différents coins de communication de la classe. Prendre note de certaines informations transmises par les élèves, de la manière de les transmettre et des commentaires émis par les parents. S'y référer le lendemain au moment de l'examen rétrospectif de la rencontre.

• Il s'avère intéressant de filmer au magnétoscope les communications collectives pour aider les élèves à procéder à une analyse de leur présentation aux parents.

Confrontation des apprentissages de l'élève aux attentes de ses parents

• La période de confrontation est un court moment d'échange réservé à la fin de la rencontre. Alors l'élève compare le jugement porté sur ses apprentissages aux attentes de ses parents. Au cours de cet échange, les parents discutent des forces et des faiblesses dans les productions du dossier d'apprentissage. Ils réagissent, font part à l'enfant de leur attente et lui signale les forces qu'ils souhaiteraient voir conserver et les faiblesses qu'ils voudraient voir corriger pour la prochaine séquence d'apprentissage.

• Au cours de cette période, il devient nécessaire qu'un véritable dialogue s'établisse entre l'enfant et ses parents pour faire consensus sur ses forces et ses faiblesses. Au lendemain de la rencontre, ces forces et ces faiblesses deviennent des objectifs à être atteints au terme de la prochaine séquence et desquels l'élève devra rendre compte de nouveau.

• Il est important de sensibiliser les parents à l'importance de valoriser et d'encourager les apprentissages de leur enfant en lui signalant les forces tout autant que les faiblesses de son dossier d'apprentissage.

• Il est également nécessaire d'avertir les parents de fixer leur attente à la mesure des capacités de l'enfant afin d'éviter que celui-ci se décourage devant l'ampleur ou la quantité d'objectifs à atteindre.

– Au moment de la période, inviter les parents à revoir, au besoin, le dossier d'apprentissage et à échanger avec leur enfant sur ses forces et ses faiblesses.

- À partir des résultats consignés, demander aux parents d'identifier avec leur enfant quelques forces à conserver et quelques faiblesses à améliorer pour la prochaine séquence.

- Faire pointer ces forces et ces faiblesses en utilisant un symbole quelconque ou en entourant les chiffres correspondant aux critères d'évaluation.

- S'assurer que les parents ont bien compris la tâche à réaliser. Circuler pour vérifier la manière dont elle s'exécute.

- Au besoin, intervenir auprès des parents dont l'enfant présente plusieurs difficultés d'apprentissage afin de les aider à découvrir certains apprentissages en voie de progression puis à sélectionner quelques difficultés évidentes pouvant faire l'objet d'une amélioration.

Évaluation de la rencontre parents-enfants

Note
- Il est souhaitable de proposer aux parents et aux élèves d'évaluer la rencontre parents-enfants. Une réaction par écrit de la part des parents permet à l'enseignant de connaître leurs impressions et leurs commentaires sur la rencontre. Elle sert à vérifier le degré d'atteinte des objectifs de la rencontre et à améliorer, s'il y a lieu, le contenu et le déroulement de la prochaine.

- La réaction par écrit de la part des élèves permet à l'enseignant de connaître leurs impressions et leurs commentaires sur la rencontre. Elle sert à vérifier le degré de performance des élèves dans la transmission de l'information aux parents et à les aider à développer, s'il y a lieu, de nouvelles stratégies de communication pour la prochaine rencontre.

- À la fin de la rencontre, laisser quelques minutes pour faire remplir les deux questionnaires d'évaluation préparés : celui destiné aux parents et celui destiné à l'élève (voir les deux questionnaires suivants). Inviter les enfants et leurs parents à échanger autour de leur questionnaire.

- Avant le départ, recueillir les questionnaires d'évaluation.

Questionnaire d'évaluation par les parents de la rencontre

Mon enfant se nomme _____ .

	Cocher.		
	Beaucoup	Un peu	Pas du tout
1. Aujourd'hui, j'ai échangé avec mon enfant sur ses apprentissages de français, de mathématiques, de sciences, d'attitudes et de comportements, etc.	☐	☐	☐
2. Mon enfant a su m'expliquer clairement son dossier d'apprentissage et répondre à mes questions.	☐	☐	☐
3. Je préfère que les résultats de mon enfant soient comparés entre eux plutôt qu'avec ceux des autres.	☐	☐	☐
4. J'ai été capable de valoriser les points forts et d'encourager l'amélioration des points faibles de mon enfant.	☐	☐	☐
5. Les communications collectives orales m'ont permis de compléter les informations sur les apprentissages de mon enfant.	☐	☐	☐
6. J'aime cette nouvelle façon de me renseigner sur les progrès de mon enfant.	☐	☐	☐
7. Cette rencontre favorise les échanges sur les progrès scolaires de mon enfant.	☐	☐	☐

Commentaires généraux _____
_____
_____
_____

Signature _____

Merci de votre collaboration ! Nous souhaitons vous revoir à la prochaine rencontre.

Évaluation de ma rencontre avec mes parents

	Cocher.		
	Beaucoup	Un peu	Pas du tout
1. Aujourd'hui, j'ai échangé avec mes parents sur mes apprentissages de français, de mathématiques, de sciences, d'attitudes et de comportement, etc.	☐	☐	☐
2. J'ai été habile à expliquer mon dossier d'apprentissage et à répondre aux questions de mes parents.	☐	☐	☐
3. Je préfère comparer mes résultats entre eux plutôt qu'avec ceux des autres.	☐	☐	☐
4. Au moment de la période de confrontation, j'ai été capable d'identifier avec mes parents quelques points forts et quelques points faibles.	☐	☐	☐
5. J'ai su présenter ma communication orale collective aux parents.	☐	☐	☐
6. J'aime cette nouvelle façon de renseigner mes parents sur mes progrès scolaires.	☐	☐	☐
7. Cette rencontre favorise davantage les échanges avec mes parents sur mes progrès scolaires.	☐	☐	☐

Déroulement de la rencontre parents-enfant à domicile

Note
- La rencontre parents-enfant à domicile se tient à la fin de la dernière séquence d'apprentissage. L'enseignant n'y assiste pas mais prépare les élèves à assumer leur rôle de meneur de cette rencontre. Leur principale tâche consiste à présenter leur dossier d'apprentissage.
- La préparation d'une rencontre parents-enfant à domicile est sensiblement la même que celle en classe. Dans un premier temps, l'enseignant invite les élèves à réviser et à mettre en ordre leur dossier d'apprentissage, puis à préparer la communication de ce dossier. Dans un second temps, en faisant l'inventaire des activités d'évaluation de la séquence, l'enseignant invite l'élève à noter sur sa fiche aide-mémoire les activités qui ne figurent pas dans son dossier et qui devront être l'objet d'une présentation spéciale aux parents. La stratégie de communication alors privilégiée devient l'exposé oral en présence de ses parents.

– Une fois la préparation de la présentation du dossier d'apprentissage terminée, proposer aux élèves de prendre rendez-vous avec leurs parents. Se servir d'une lettre semblable au modèle suivant.

École _____

Date _____

Chers parents,

Dans quelques jours, je terminerai la dernière séquence de l'année scolaire. Avec mon enseignant, je me suis préparé pour vous en présenter les résultats à la maison. Mon dossier d'apprentissage est en ordre et je voudrais vous le faire connaître.

J'aimerais que nous nous réservions un temps bien à nous pour échanger sur mes résultats. Les dates et les heures proposées sont les suivantes :

Dates _____   Heures _____

_____   _____

J'ai hâte de vous présenter mon dossier pour vous donner un aperçu de ce que sera la fin de l'année.

Merci à l'avance de m'écouter !

Nom de l'élève _____

La classe de _____

— —

Billet réponse

Nous serons disponibles pour participer à la communication du dossier d'apprentissage de notre enfant.

Nom et prénom de l'enfant _____

Date _____

Heure _____ _____
       (Début)   (Fin)

Signature des parents _____

- Lire cette lettre avec les élèves et la faire compléter selon leurs possibilités.
- Discuter des conditions propices dans lesquelles devrait se dérouler cette rencontre : endroit isolé (ex. : chambre de l'élève); endroit calme (loin des bruits des jeunes enfants, de la radio ou de la télévision, etc.); en compagnie seulement de ses parents (et non avec des frères ou des sœurs); à un moment propice de la soirée (où peu d'occupations urgentes se passent); en s'allouant une durée nécessaire à la présentation du dossier d'apprentissage, à la période de confrontation et à l'évaluation de la rencontre (de 30 à 50 minutes).
- Faire rapporter à l'école le billet réponse pour vérifier le moment du rendez-vous. En prendre note pour le rappeler à l'élève en temps opportun.
- Présenter aux élèves la fiche de confrontation de la dernière séquence d'apprentissage (voir ci-après), la commenter et demander aux élèves de la remplir avec leurs parents à la fin de la présentation du dossier. Les inviter à conserver précieusement cette fiche pour le début de la nouvelle année scolaire.

- La fiche de confrontation permet à l'élève et à ses parents de faire consensus sur certaines forces qu'ils désirent voir conserver et sur certaines difficultés qu'ils veulent voir améliorer au cours de la prochaine année scolaire.

Fiche de confrontation

(Fin de la dernière séquence)

A. Message écrit des parents à l'enfant pour la prochaine année scolaire

Après avoir pris connaissance de ton dossier d'apprentissage,

a) je souhaite que tu conserves principalement _____
_____
_____
_____

b) je souhaite que tu améliores principalement _____
_____
_____
_____

_____
(Signature des parents)

B. Mes priorités pour la prochaine année scolaire

Matières _____   Objectifs _____
_____   _____
                                     _____

Attitudes et comportements _____
_____
_____
_____

(À conserver pour l'année prochaine)

–   Présenter aussi aux élèves le questionnaire d'évaluation de la rencontre à domicile (voir ci-après). Demander aux élèves de faire remplir ce questionnaire par leurs parents en les invitant à échanger avec eux au sujet de ce questionnaire.

- Le questionnaire d'évaluation de la rencontre permet aux parents et à l'enfant de réfléchir sur la présentation du dossier d'apprentissage ainsi que sur les modalités de la rencontre et de rechercher, s'il y a lieu, des moyens d'améliorer la rencontre à la maison.

- Le questionnaire permet aussi à l'enseignant de connaître la façon dont s'est déroulée la rencontre à la maison et le degré de préparation de l'élève. Les réponses à ce questionnaire peuvent aider l'enseignant à intervenir plus adéquatement dans la préparation en classe.

Évaluation de la rencontre parents-enfant à domicile

(À remplir par les parents avec le concours de l'enfant)

A. Contenu du dossier d'apprentissage

	Oui	Non
1. Le dossier de mon enfant contient tous les travaux réalisés durant l'étape.	☐	☐
2. Le dossier de mon enfant contient des travaux classifiés en ordre.	☐	☐

Commentaires _____

_____

_____

B. Explication du dossier d'apprentissage par mon enfant

	Beaucoup	Un peu	Pas du tout
1. Il est capable de donner des renseignements clairs et précis.	☐	☐	☐
2. Il est capable de donner suffisamment de renseignements sur ses travaux.	☐	☐	☐
3. Il est capable de s'y référer facilement en recourant à ses productions.	☐	☐	☐
4. Il est capable de répondre à mes questions.			

Commentaires _____

_____

_____

C. La rencontre à domicile

Il nous a été possible de ...

	Oui	Non
1. respecter la journée du rendez-vous;	☐	☐
2. respecter le temps prévu pour cette rencontre;	☐	☐
3. respecter les conditions favorables (endroit calme, sans télévision, seuls avec l'enfant, etc.) pour échanger sur le dossier d'apprentissage et le bulletin.	☐	☐

Commentaires _____

_____

_____

_____

(Signature des parents)

- Quand vient le temps de la rencontre à domicile, rappeler aux élèves d'apporter les documents nécessaires : les grilles d'évaluation, les productions marquées d'une évaluation, la fiche de confrontation, le questionnaire d'évaluation de la rencontre ainsi que le bulletin scolaire rempli par l'enseignant.

- Inviter les élèves à rapporter à l'école la fiche de confrontation et le questionnaire d'évaluation.

4. Examen rétrospectif de la rencontre parents-enfants

Note	• Ce bilan doit avoir lieu le plus tôt possible après la rencontre parents-enfants, soit le lendemain. Il devrait durer environ 45 minutes.

Note
- Ce bilan doit avoir lieu le plus tôt possible après la rencontre parents-enfants, soit le lendemain. Il devrait durer environ 45 minutes.
- L'examen rétrospectif consiste à revoir avec les élèves le déroulement de la rencontre afin d'en évaluer le fonctionnement général, les activités telles que vécues ainsi que les stratégies de communication utilisées. Si possible, on tiendra compte des commentaires recueillis chez les parents.
- Cette analyse oriente la préparation de la prochaine rencontre puisqu'elle permet d'apporter des suggestions d'amélioration.

– Revoir avec les élèves le déroulement de la rencontre en révisant chacune des activités du programme.
– Faire commenter chacune des activités à l'aide des questions suivantes :
  - Cette activité devrait-elle être répétée telle quelle la prochaine fois?
  - Si oui, pourquoi? Sinon, qu'est-ce qui devrait être modifié?
  - Permet-elle aux parents d'être bien informés sur nos apprentissages?
  - La durée consacrée à cette activité est-elle suffisante?
  - Y a-t-il des améliorations à suggérer pour la prochaine rencontre?
– Prendre note des suggestions et des commentaires émis par les élèves pour y revenir au moment de la préparation de la prochaine rencontre.

Note
- Les commentaires reçus des parents permettent aussi une meilleure préparation pour la prochaine rencontre parents-enfants.

Témoignages et conclusion

◆

En guise de conclusion,
le dernier chapitre de cet ouvrage révèle
quelques témoignages d'intervenantes et d'intervenants
engagés dans le processus d'autoévaluation.

Ces témoignages présentent
les opinions et les sentiments
exprimés par des élèves, par leurs parents
et par les enseignants qui ont vécu
ce modèle d'évaluation formative
au cours primaire.

Témoignages d'élèves

- « Ce genre d'évaluation m'a aidée à devenir plus autonome. Il m'a fait connaître les points faibles que je devais améliorer. Il m'a aussi permis de cheminer face à moi-même et non pas en rapport avec les autres. »
Josée Toupin, 18 ans.

- « Cette méthode d'évaluation m'a amenée à désirer toujours améliorer mes points faibles. Les critères présentés m'aidaient à réviser mon travail. L'autoévaluation apprise au primaire m'a été très utile au secondaire pour me faire progresser dans mon travail. »
Maryse Toupin, 13 ans.

- « Je crois que je n'aurais pas cheminé de la même façon si je n'avais pas connu la méthode d'évaluation. Ma maturité a fait un grand bond : je suis devenu responsable de mes apprentissages, je faisais face à mes engagements, je prévoyais davantage les travaux à remettre, j'évaluais régulièrement la façon de réaliser mon travail et je tentais de me donner des moyens pour faire mieux. Tout cela m'a beaucoup aidé quand j'ai fait mes premiers pas au secondaire; j'étais mieux préparé à affronter un monde inconnu.

Avec cette méthode d'évaluation, on apprend à mieux se connaître, à réfléchir sur la manière de réaliser le travail et de vivre en groupe, et de trouver des solutions à ses problèmes. On apprend aussi à mieux communiquer avec le monde qui nous entoure.

Cette méthode d'évaluation m'a beaucoup aidé à devenir autonome, car elle m'a permis de développer mon jugement et de prendre confiance en mes capacités. Je n'avais pas peur de faire des erreurs en m'évaluant; je savais que mon professeur m'aidait à me juger selon mes propres capacités. Je me sentais bien accepté et encouragé par mon professeur. »
Gabriel Matteau, 16 ans.

Témoignages de parents

- « J'ai vu comment mon fils Alexandre pouvait se servir de ses grilles d'évaluation et de ses fiches de comportement pour se critiquer lui-même. L'autoévaluation agit directement sur le rendement puisqu'elle amène l'enfant à se questionner sur les efforts qu'il a mis pour réussir et à lui montrer la manière d'être juge de ses apprentissages. Ainsi, l'enfant devient plus conscient et plus responsable de sa vie scolaire.

Les rencontres organisées pour la remise du bulletin scolaire sont des occasions de voir l'intérêt que manifeste l'enfant à communiquer ses résultats, ses difficultés et ses réussites.

La limpidité des discussions qu'engendre cette forme d'évaluation marque le pouls d'une relation tangible entre l'enfant, les parents et le professeur. Les commentaires positifs d'Alexandre sur sa relation avec son professeur sont sans équivoque.

Il est conscient et heureux de son cheminement. Je ne peux qu'en être fière.

À la fin de son primaire, j'ai vu Alexandre devenir grand, parler de son avenir, de ses goûts et de ses désirs. J'ai compris que cette forme d'évaluation critériée est un moyen donné à l'enfant pour se voir comme il est et pour prendre conscience de ce qu'il veut devenir. »

Hélène Mathieu, mère d'Alexandre.

– « Lors de la rencontre parents-enfants à l'école, cette forme d'évaluation nous permet de bien suivre l'évolution de notre enfant dans ses apprentissages concernant les différentes matières. Nous pouvons, avec lui, mettre le doigt sur ses points faibles et trouver avec lui les moyens de l'aider à s'améliorer. Ainsi, il devient plus facile de seconder notre enfant à la maison.

Au moment de cette rencontre, nous pouvons aussi découvrir les critères des matières dans lesquelles notre enfant excelle, ce qui nous permet de le féliciter, de l'encourager et de stimuler son intérêt pour apprendre. Nous devons insister non pas seulement sur ses difficultés mais aussi sur ses moindres progrès.

En prenant connaissance du dossier d'apprentissage de notre enfant, nous avons l'occasion de créer d'autres liens importants avec lui. C'est un moment privilégié où l'enfant se sent considéré parce que nous lui accordons du temps et qu'il nous fait pénétrer dans le monde intime de sa vie scolaire.

Cette communication répétée avec notre enfant au primaire nous a donné des moyens, en tant que parents, pour l'accompagner dans ses apprentissages au cours secondaire. »

Marie-France Jolivet et Claude Toupin, parents de Josée et Maryse.

Témoignages d'enseignants

– « Enseignante de 4ᵉ année, je me rends compte que ce processus d'autoévaluation est très formateur pour mes élèves. Il leur permet de développer leur autonomie et leur sens des responsabilités.

Grâce à cette forme d'évaluation, mes élèves prennent conscience des progrès dans leurs apprentissages. Ils sont encouragés à s'améliorer; ils attachent de plus en plus d'importance à leur travail scolaire et à leur comportement de vie en classe.

Les grilles d'évaluation et les fiches de comportement sont de précieux outils d'autoévaluation parce que ceux-ci sont fonctionnels et faciles d'utilisation. Mes élèves s'y habituent rapidement. »

Thérèse Lamothe, enseignante de 4ᵉ année.

– « Vivre le processus d'autoévaluation en classe avec ses élèves suscite beaucoup d'intérêt pour la vie de la classe parce que les élèves se sentent réellement engagés dans leurs apprentissages. Ils deviennent de ce fait plus responsables en se fixant leurs propres objectifs et en s'efforçant de trouver les moyens de les atteindre.

Vivre le processus d'autoévaluation en classe avec ses élèves suscite chez les parents, dans l'ensemble, beaucoup d'attention au suivi des apprentissages de leur enfant. La rencontre parents-enfants se révèle une étape importante dans l'acquisition de la qualité de ce suivi.

Vivre le processus d'autoévaluation en classe avec ses élèves suscite chez l'enseignant un fort attrait pour relever le défi de faire participer davantage l'élève à l'évaluation de ses apprentissages. »

Raynald Juneau, enseignant de 6ᵉ année.

Conclusion

Les auteurs de cet ouvrage ont tenté de faire connaître un modèle d'évaluation qui permet de faire participer l'élève à l'évaluation de ses propres apprentissages.

Dans ce modèle, l'évaluation formative a été présentée comme un processus intégré au processus d'apprentissage de l'élève. La description de ce processus d'évaluation a fait ressortir quatre phases principales qui conduisent l'élève à participer progressivement à l'évaluation de ses apprentissages.

La première phase, appelée la *phase de planification*, consiste à déterminer les objectifs d'apprentissage poursuivis au cours d'une séquence, à préciser les critères d'évaluation et leurs indicateurs d'observation, à prévoir les situations d'apprentissage et les situations d'évaluation et à préparer les outils de consignation des résultats d'évaluation.

La deuxième phase, la *phase de réalisation*, consiste à réaliser les activités d'évaluation prévues, à amener l'élève à s'engager dans l'évaluation de ses apprentissages par des outils d'autoévaluation et par des rencontres de coévaluation avec l'enseignant, à consigner les observations recueillies et à conserver dans un dossier d'apprentissage, les productions marquées d'une évaluation, dossier devant être présenté aux parents lors de la remise du bulletin scolaire.

La troisième phase, la *phase de communication des résultats*, consiste à préparer avec les élèves, quand vient le moment de la remise du bulletin scolaire, la communication de leurs résultats aux parents, à organiser et à réaliser une rencontre au cours de laquelle l'enfant rend compte de ses apprentissages à ses parents et les compare à leurs attentes. Une telle rencontre, important moyen pour engager l'élève et ses parents dans le processus d'autoévaluation, devrait se tenir préférablement à l'école, comme en fait foi un chapitre particulier qui traite de sa préparation et de sa réalisation.

La quatrième et dernière phase du processus, la *phase de prise de décision*, consiste à faire prendre conscience à l'élève de son cheminement, à l'amener à « prioriser » des objectifs personnels d'apprentissage, à sélectionner certains objectifs collectifs à être poursuivis par la classe et, s'il y a lieu, à vérifier les outils de travail nécessaires avant d'entreprendre la nouvelle séquence d'apprentissage.

Cet ouvrage a mis un accent tout particulier sur l'évaluation des apprentissages de l'élève. Cependant, il ne faudrait pas croire qu'un tel modèle d'évaluation laisse peu de temps à l'enseignement. La planification de l'évaluation des apprentissages suppose la planification de l'enseignement. On ne pourrait imaginer évaluer les apprentissages des élèves sans consacrer du temps à faire réaliser ces apprentissages. L'évaluation formative faisant partie intégrante du processus d'apprentissage, celle-ci sert aussi de moyen pour apprendre.

Notre ouvrage a présenté un modèle d'évaluation qui résulte de nombreuses expériences menées depuis près d'une dizaine d'années, à la suite de l'implantation des nouveaux programmes d'études du MEQ et de l'approche de l'évaluation formative à interprétation critérielle. Il ne faudrait pourtant pas croire que le processus d'évaluation décrit ici, puisse s'appliquer entièrement et d'un seul coup. Il faudrait plutôt penser à l'appliquer progressivement en tentant de s'habiliter comme enseignant et d'habiliter les élèves à participer à chacune de ses phases. Ainsi serait-il souhaitable de ne l'appliquer qu'à quelques objectifs et pour une séquence donnée. Une fois les élèves familiarisés avec ce processus, il s'avère plus facile de l'étendre graduellement à l'ensemble des objectifs d'apprentissage déterminés pour une année scolaire.

Nous souhaitons que cet ouvrage puisse contribuer modestement à alimenter la réflexion actuelle sur la fonction pédagogique de l'évaluation, avec l'espoir de fournir quelques pistes utiles à une pratique d'évaluation formative de qualité. C'est ce cheminement que nous poursuivons encore ...

Les auteurs

Références

1. Angers, Pierre, Bouchard, Colette, **L'activité éducative, une théorie — une pratique. La mise en œuvre du projet d'intégration**, Éditions Bellarmin, Montréal, 1984.

2. Gingras, Maurice, Morissette, Dominique, **Enseigner des attitudes ? Planifier, intervenir, évaluer**, Les Presses de L'Université Laval, Sainte-Foy, 1989.

3. **Guide d'évaluation en classe Primaire-Secondaire — Introduction générale**, Québec, ministère de l'Éducation, février 1983.

4. Legendre, Renald, **Dictionnaire actuel de l'éducation**, Éditions Larousse, Montréal, 1988.

5. **Politique générale d'évaluation pédagogique — Secteur du préscolaire, du primaire et du secondaire**, Québec, ministère de l'Éducation, septembre 1981.

6. **Programme d'études : Français, Primaire**, Québec, ministère de l'Éducation, mai 1979.

7. Scallon, Gérard, **L'évaluation formative des apprentissages**, Tomes 1 et 2, Les Presses de l'Université Laval, Sainte-Foy, 1988.

Glossaire

Pour une meilleure compréhension de cet ouvrage, il convient de préciser* les termes utilisés fréquemment.

Activité

-   **Activité d'apprentissage**
    Activité prévue par l'enseignant et par l'élève afin d'atteindre les objectifs d'apprentissage planifiés au début de la séquence.

-   **Activité d'évaluation**
    Activité prévue par l'enseignant et par l'élève afin de vérifier et de juger de l'atteinte des objectifs d'apprentissage planifiés.

Critère

-   **Critère d'évaluation**
    Qualité ou norme qui sert à porter un jugement.

-   **Indicateur d'observation**
    Comportement observable chez un élève, pouvant être suffisamment manifesté pour que deux ou plusieurs observateurs s'entendent sur la présence ou l'absence de ce comportement.
    Les indicateurs d'observation doivent être formulés dans un langage simple, facilement compréhensible par les élèves.

    Note On ne doit pas confondre les indicateurs avec les descripteurs formulés sur un bulletin descriptif.

-   **Manifestation observable**
    Idem

Dossier d'apprentissage

Ensemble des outils de consignation des résultats d'évaluation (grilles d'évaluation, fiches de comportement) et des instruments de mesure (épreuves, examens, tests, productions écrites, tâches évaluatives, etc.) à partir desquels l'élève renseigne ses parents sur l'état de ses apprentissages, au moment de la remise du bulletin scolaire.

Évaluation

-   **Évaluation formative**
    Mode d'évaluation centré sur l'aide à l'apprentissage : évaluations effectuées en cours d'apprentissage, fondées sur les interprétations critériées, informent l'élève et l'enseignant en regard des objectifs poursuivis. Ceci en vue d'assurer à l'élève le renforcement nécessaire, de déceler, s'il y a lieu, ses difficultés et de lui apporter de l'aide le cas échéant.

    L'évaluation formative est orientée vers une aide pédagogique immédiate. Elle informe de façon continue l'élève et l'enseignant sur les difficultés et les progrès en cours d'apprentissage ainsi que sur la démar-

---

*   La plupart des définitions sont empruntées au *Dictionnaire actuel de l'Éducation*, par Renald Legendre, Éditions Larousse, 1988.

che d'apprentissage de l'élève. Elle permet donc de déceler les difficultés de l'élève et lui suggère ou lui fait découvrir des moyens de progresser.

Cet ouvrage fait particulièrement référence au type d'évaluation formative qui consiste à vérifier, périodiquement ou à la fin d'un acte pédagogique, si un ensemble d'objectifs d'apprentissage ont été effectivement atteints. Elle s'effectue après un laps de temps plus ou moins long et porte sur les apprentissages décrits dans les objectifs terminaux. Elle sert surtout à réajuster les activités d'apprentissage en vue du cheminement ultérieur de l'élève. Elle renseigne aussi sur la performance de l'élève, sur son développement et sur ses progrès.

- **Évaluation à interprétation critérielle**
  Mode d'évaluation : la performance de l'élève dans l'accomplissement d'une tâche spécifique est jugée par rapport à des critères de réussite déterminés dans la formulation des objectifs explicitement visés, indépendamment de la performance de tout autre élève.
  L'enseignant fait connaître à l'élève les critères sur lesquels il sera évalué. Cette information aide l'élève à s'approprier les objectifs qui sont à poursuivre.

- **Processus d'autoévaluation**
  Succession de phases dans un phénomène d'apprentissage.
  Le processus d'autoévaluation est un processus de croissance et de changement vécu par l'élève. Il implique l'utilisation de ses ressources internes en interaction avec les attentes de ses parents et de son enseignant.
  L'autoévaluation est un processus par lequel l'élève est amené à porter un jugement sur la qualité de son propre cheminement, de son travail ou de ses acquis en regard d'objectifs prédéfinis, tout en s'inspirant de critères précis d'appréciation.

- **Coévaluation**
  Évaluation fournie par l'enseignant ou par les autres élèves à partir de l'autoévaluation de l'élève.

Objectif d'apprentissage

- **Objectif général**
  Objectif éducationnel qui chapeaute et sert de guide à la formulation d'un ensemble d'objectifs de contenu et d'habileté dans un groupe de matières scolaires.
  Un objectif général sert de point de départ pour définir les objectifs particuliers.

- **Objectif intermédiaire**
  Objectif faisant la jonction d'un contenu et d'une habileté, et formulant de la façon la plus précise possible, ce à quoi l'élève doit parvenir pendant ou après une situation pédagogique.

- **Objectifs d'ordre cognitif**
  Ensemble des objectifs d'habileté qui concerne le rappel des connaissances et le développement des capacités intellectuelles, c'est-à-dire l'acquisition et l'utilisation de connaissances ainsi que l'organisation par la méthode de travail intellectuel.

- **Objectifs d'ordre socio-affectif**
  Ensemble des objectifs d'habileté qui concerne le développement des comportements sociaux, des intérêts, des attitudes et des valeurs.

Production

Épreuves, examens, tests, tâches évaluatives, travaux que l'élève produit en situation d'évaluation.

Séquence d'apprentissage

Durée consacrée à la poursuite des objectifs d'apprentissage et de leur évaluation.

La séquence d'apprentissage décrite dans cet ouvrage signifie une étape de l'année scolaire, ce qui équivaut à environ quarante-cinq jours de classe, au terme desquels est produit un rapport d'évaluation sur le rendement et le comportement de l'élève.

Note Le processus d'autoévaluation se vit normalement à l'intérieur d'une étape de l'année scolaire. Cependant, il pourrait s'inscrire dans une séquence d'apprentissage d'une autre durée.

Ouvrages publiés dans cette collection

Achevé   Imprimerie
d'imprimer Gagné Ltée
au Canada Louiseville